可复制的
领导学 系列

不一样的领导学

不懂带团队
你就自己累

高远 / 主编

三辰影库音像电子出版社
北京

图书在版编目（CIP）数据

不懂带团队，你就自己累 / 高远主编 . —北京：三辰影库音像电子出版社，2021.10
（不一样的领导学）
ISBN 978-7-83000-513-9

Ⅰ.①不… Ⅱ.①高… Ⅲ.①团队管理 Ⅳ.①C936

中国版本图书馆 CIP 数据核字 (2021) 第 062950 号

不懂带团队，你就自己累

责任编辑：王　伟
责任校对：韩丽红
排版制作：文贤阁
出版发行：三辰影库音像电子出版社
社址邮编：北京市朝阳区东四环中路 78 号 11A03，100124
联系电话：（010）59624758
印　　刷：阳信龙跃印务有限公司
开　　本：880mm×1230mm　1/32
字　　数：454 千字
印　　张：25
版　　次：2021 年 10 月第 1 版
印　　次：2021 年 10 月第 1 次印刷
定　　价：150.00 元（全 5 册）
书　　号：ISBN 978-7-83000-513-9

现代管理学之父彼得·德鲁克认为："确实有一些人天生就具备领导人的特质，但这样的情况只是少数，领导力是一种必须经过不断学习的过程。"

可见，领导力并不完全是与生俱来的，而是后天努力获得的，是一种可以掌握的、可以复制的技能。只要付出足够的努力，掌握了其中的秘诀，任何人都能拥有领导力。

你拥有领导力吗？

即使你是总裁、总经理，也不代表你就自然拥有领导力。所谓领导力，不仅在于学识、能力、品质，还在于是否具有影响别人的号召力，以及自如驾驭他人，包括比自己强的人的感召力。

追根究底，领导工作，本质是一种沟通、协调人与人之间的关系的工作，是一场错综复杂的心理博弈。一个卓越的领导者，要能透过表面看透人心，科学地识人、用人；要能深谋远虑，深谙制衡之术，收拢各种人才。真正的领导力，应该能使羊群变狼群，打败真正的狼群。

该怎样获得领导力呢？

学习，学习，还是学习。

本书是一本真正有含金量的、有参考价值的实用性领导学书籍，内容丰富，逻辑清晰，语言简洁，本书从如何带团队、如何管理小团队、如何拥有高情商领导力及如何识人、用人、管人等方面，全面分析领导力。其中，不但有精辟的理论阐释，还有经典的企业案例、历史名人案例和现实生活案例，以及实用的技巧策略，适合每一位领导者及想要成为领导者的人才。

正如彼得·德鲁克所说："并不是只有高管才是管理者，所有知识工作者，都应该像管理者一样工作和思考。"学会领导力的秘诀，掌握管理者的思考模式，将有助于职场的人际交往，有助于提高工作效率以及个人的职业规划。提升领导力，会影响越来越多的人，会让更多的人追随你，让你成为更卓越的人。

总之，个人和企业发展兴衰荣辱的绝大部分，都源自领导力！

目录
CONTENTS

第八章
激活新生代，让团队更加鲜活有力

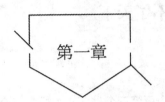

第一章

不靠团队，你就自己干到死

◆ 单枪匹马打不了天下
◆ 以身作则，让更多的人愿意追随你
◆ 掌握秘诀，再带团队
◆ 高效团队，所向披靡

单枪匹马打不了天下

俗话说"一个篱笆三个桩，一个好汉三个帮"，一个人的能力再强，其力量也是有限的，如果没有团队成员的合作和帮助，也很难取得成功。

有个刚毕业的大学生应聘到一个大型企业上班。第一天工作，领导就给了他一个重要的任务：为一位新客户的产品做一个营销方案。

这个毕业生见任务是领导亲自布置的，所以不敢有丝毫懈怠。一接到任务，他就埋头苦干起来，独自琢磨了一个多星期，还是毫无头绪，工作没有一点儿进展。显然，这件事情靠他自己是无法完成的。领导把这项任务交给他，就是为了考察他在工作中是否懂得合作，而这个毕业生又恰好很不善于合作，遇到问题，他既不懂得请教领导，也没有与同事讨论，只是自己默不作声地瞎摸索，当然无法拿出合格的营销方案。

团队成员必须让自己融入团队，只有学会依靠团队的力量，才能完成一个人做不到的事情。在职场中，很多人都不懂团队合作的重要性，他们宁愿自己一个人蛮干瞎干，也不肯和同事合作。我们必须明白，单打独斗是很难在事业上取得成功的。当你使出浑身解数进行某个项目时，其他团队可能早已齐心协力完成了类似的项目，抢占了市场先机，而你的成果也就成了明日黄花，失去了意义。

如今社会，很多人主张追求个性，讲求独立，而企业是很多人在一起做事的地方，所以很多企业领导越来越看重员工团队协作的意识。他们直言："企业是一个讲求合作共赢的平台，需要的是懂得团队合作的员工来为集体贡献力量。"一家很有影响的企业招聘部门主管，经过初试筛选后，最终有九名初试者脱颖而出，进入复试。复试由总经理亲自把关。

总经理对这九个人的学历背景、工作经验以及初试成绩都很满意。但是公司只能录用三个人，总经理就给大家出了一个复试题目，最终确定录用哪三位应聘者。

总经理把他们随机分为三组，让第一组去调查当地婴儿用品市场，第二组去调查青少年用品市场，第三组去调查中老年人用品市场，并解释说："我们招聘人才是要进行市场开发，因此，对市场有敏锐的感知力是你们要具备的基本条件。让大家去做市场调查，就是想考察一下各位在这方面的能力。希望你们能认真对待，全力以赴！"之后，总经理为了帮助这九个人明确调查方向，让秘书给他们准备了试题的部分资料，每位复试者都领取到了自己试题的相关资料。

三天后，这九个人如期递交了自己的调查报告。总经理看完后，走向第三组成员，与之一一握手，并宣布第三组的三位成员被公司录取。总经理看到了大家脸上的疑惑，解释道："请各位现在打开你们领取的资料，同组人员互相看一下。"原来，每个人领取的是不同的资料，第一组的三个人拿到的分别是当地婴儿用品市场过去、现在和未来的内容分析，另外两组的情况也一样。总经理继续说道："第三组成员很懂得团队协作，他们把得到的资料共享，将自己调查报告的空缺内容填写完整，从而取得了共赢。而另外两组的成员都只顾自己，各自行事，这样分组也就失去了意义。我之所以出这个题目，就是想看看各位是否有团队合作意识。前两组失败的原因也正是如此，他们完全忽视了队友的力量。要清楚，团队合作才是一个企业取得成功的前提！"由此可见团队协作的重要性。

曾任微软大中华区首席技术官的张湘辉博士说，"就招聘员工而言，我们有一套很严格的标准，最重要的是团队精神。

如果一个人是天才，但其团队精神比较差，这样的人我们不要。中国 IT 业有很多年轻聪明的人才，但其中很多人的团队精神不够，所以每个简单的程序都能编得很好，但编大型程序就不行了。微软开发 WindowsXP 时共有 500 名工程师奋斗了两年，有 5000 万行代码。大型软件开发需要协调不同类型、不同性格的人员共同奋斗，缺乏领军型的人才，缺乏合作精神是难以成功的。"

一位资深 HR 指出："现在很多刚进入职场的年轻人都有不可一世的傲气，他们的自负使他们很难快速融入工作环境和所在团队中。他们不具备团队精神，项目都是独自去完成，不愿和同事共同解决，最后每个人拿出一个方案但都不完善，公司一点儿也用不上。"

对一个公司来说，个人的成功并不代表什么，团队的成功才能为企业带来真正的成功。职场不需要个人主义，在工作中，作为个体，也许你可以依靠自身才能取得不错的成绩，但不会获取更大的成功。相反，如果你懂得团队合作，能把自己融入所在的团队中，借助大家的力量，那么你就能完成自己无法做到的工作，领导也会更加欣赏你，从而对你越来越器重。因此，对个人而言，职场中取得成功的捷径就是团队协作。

　　总而言之，团队对个人的事业发展影响巨大。懂得合作会合作，有强烈的团队合作意识的人，能借助团队的力量获得无穷的收益。因此，一个人要想在工作中提升能力，取得成功，就必须在团队中成长和发展。

以身作则，让更多的人愿意追随你

领导是一个团队的领头人，一举一动都对团队产生着潜移默化的影响。要想让团队成员积极进取，领导必须以身作则。

比尔·盖茨作为微软的创始人，一直是员工效仿的楷模。他在工作中始终坚持以身作则，身先士卒。哪项工作最艰难，他就出现在哪里，员工们加班，他也加班；员工们不休息，他也不休息，始终与员工们并肩作战，同甘共苦。

比尔·盖茨对工作的态度，无形中激发了员工的工作热情。在比尔·盖茨看来，微软的员工都是沉浸于工作当中的，都是心里想着"我要赢"而工作的。比尔·盖茨的奋斗精神，感染着每一位员工，尤其是那些程序设计师，对他们来说，比尔·盖茨的以身作则就是最有力的鞭策。

微软公司的公关经理曾经这样说过："比尔·盖茨不但是个工作狂，而且对工作要求很严格，如果员工觉得某件事自己难以办到，比尔·盖茨就会自己去完成，并且高效率、高质量地做完，让员工无话可说。在他手下工作，如果没有真本事，还真难做。"因此，微软公司的全体员工，都能够心悦诚服地留在公司，夜以继日地工作并且毫无怨言。他们鄙视不求上进、贪图享受的员工，尤其对那些没有什么才能的员工，更是一点儿都不客气。

在微软，员工有任何问题或建议，都可以随时提出，并且可以向公司的任何人发送邮件，不论对方的职位多高。比尔·盖茨喜欢在公共场合同员工们讨论公司的发展计划，并经常鼓励他们克服困难，奋发进取。

可以看到，正是由于比尔·盖茨的以身作则、身先士卒带动了微软员工的积极创造，才有了今天的微软。

一个团队之所以优秀，是因为管理者卓越的领导品质能影响到整个管理阶层。要做到这一点，最重要的就是领导要以身作则，成为员工的表率，通过自己的言行举止来影响员工的思想与行动，使其朝好的方向发展。在这方面，迪士尼公司的前CEO迈克尔·艾斯纳就很值得我们学习。

迪士尼公司曾经有过一段低迷时间，甚至一度被外界认为将要倒闭。自从 1984 年迈克尔·艾斯纳领导迪士尼以后，公司连续 14 年保持 20% 的年增长率和每年 18.5% 的资产回报率。迪士尼公司从气息奄奄到后来的生机勃勃，离不开迈克尔·艾斯纳的楷模作用。

　　迈克尔·艾斯纳深知以身作则的重要性，不仅自己这样做，他还要求管理层其他高管也要做到。在他看来，公司领导的言行态度影响着普通员工，以身作则的领导一定会让公司充满激情。他要求管理层私下要多和广大员工接触交流，从而获得对公司发展有价值的信息，同时增强团队凝聚力。他还要求所有的领导要用电子邮件与员工沟通。当然，他自己是无法和全体员工都联系的，因此，他就重点与公司几十个大大小小的领导人保持沟通。平时，他经常带着他的管理团队在全球的迪士尼主题公园四处走动，视察工作。正是迈克尔·艾斯纳的以身作则，才让公司上下团结一心，获得迅猛发展。

　　在团队中，领导的言行举止会深深地影响员工。领导如果可以做到以身作则，凡事身先士卒，就会激励员工奋发进取，共同推动公司发展。

掌握秘诀，再带团队

一个好的团队对公司来说就像利刃，可以带领公司披荆斩棘，勇往直前。

管理一群人和管理一个人是大不相同的，因为一群人性格各异，每个人都是独立思考，且毫无约束力的。所以，要想管理一群人，就要掌握以下几点秘诀。

1. 秉公行事

领导者在管理团队的时候，一定要注意秉公行事，不可徇私舞弊。不管是谁犯了错，都要按照规章制度给予处罚，只有这样，领导者才有威信，才能得到大家的信任。如果领导者平时总是对员工虚与委蛇，表面一套，背后一套，私下因为裙带关系包庇某些员工，那么自然无法使员工信服，进而导致团队成员离心离德。

2. 自我充电

作为领导者，要有真才实干。只有"肚中有墨、身上有才"，才能在团队成员遇到问题束手无策时，及时提供指导，帮助其解决问题。这样，团队成员才会信任你，对你心悦诚服。如果你的学识和能力不及大家，不能解决实际问题，自然没有人信任和服从你。

所谓学无止境，领导者只有不断地"充电"，增加学识，拓宽视野，让自己走在团队成员前面，才能对团队进行有效管理。否则，一旦团队成员的学识和能力超越了自己，那么定然不会甘于被领导，从而对自己造成威胁或者对团队产生影响。

3. 知人善任

领导者要善于根据团队成员的特长合理安排工作岗位，做到人尽其才。在工作中，员工最担心的事情之一就是工作内容不适合自己，自己的特长无处发挥，从而成为团队中"无用"的人，这样很容易使员工产生偏激、低沉等消极情绪，不利于团队的团结。

4. 给团队成员发展空间

很多人都不怕工作辛苦，但是他们怕辛苦方式永远不变。这个意思是说每个团队成员都需要发展的空间，如果领导一直视而不见，固执地认为其不需要发展。那么在长期的团队发展过程中，团队成员会心有不甘，甚至感到压抑和愤怒，从而导致心理变质或者懈怠工作，如此，之前的付出都可能会化为乌有。给团队成员发挥才能的机会，利用团队的力量放大他们的能力，这样能让团队成员对工作更有热情和拼劲儿，让整个团队都"动"起来。

5. 增强团队协作力

团队之所以叫团队，就是因为要团结起来共同完成任务，如果一个团队内部是四分五裂的，那么这个团队也就岌岌可危了。这样的团队虽然表面看不出什么问题，但只要有一点儿波动，就会引发巨大的问题。

对团队来说，协作力是完成任务的重要保障。一个领导，如果不能让团队成员团结一心，通力合作，那么这个团队只会是外强中干的"空架子"，就像一盘散沙，风一吹就散。只有把大家团结在一起，使单个力量集中成一股强大的力量，才能推动企业向前发展。

6. 大局意识

一个领导者，眼光要长远，要有大局意识，不轻率下决定，但决定的事就要执行到底，这就要求领导者在做决定之前要考虑好后果和需要承担的责任，否则很可能会发生差之毫厘，谬以千里的情况。

7. 注重团队氛围

带领团队要注重氛围，对一个团队而言，良好的团队氛围是必不可少的。如果成员每天都无精打采，势必会影响团队的工作效率。因此，领导要时刻注意团队氛围并努力提高团队士气。

　　以上七点，看起来不难做到，但能真正做到的却又不多。但是，这也正是检验领导者是否具有管理能力的标尺。

高效团队，所向披靡

团队成员就是前进路上志同道合的伙伴。对有领导才能的人来说，就算收走他的所有器具，夺走他的场地，只要给他留下伙伴，他就可以东山再起。

一些卓越的领导者似乎天生就有非凡的再生能力，他们可以在短时间内力挽狂澜，扭转局势，将一个如同一盘散沙的团队培养成一支训练有素的奇兵，所向披靡。

另外，实践告诉我们：几乎每位成功的领导者都拥有一支高效的团队。他们的团队无论是团队成员、团队氛围，还是团队协作力和团队生产力，都比普通的团队出色得多。高效团队通常有以下特点。

1. 制定共同的目标

优秀的领导者在管理团队时，经常以结果为导向，目标就是取得成功。领导者对自己和团队的目标十分明确，并且明白在描绘团队蓝图和实现目标的过程中，极其重要的一点就是让全体成员共同参与。所以，优秀的管理者会和团队成员共同制定团队目标，并努力得到全部团队成员的理解和认同，进而让大家为实现团队目标共同奋斗。

当团队目标并非由领导决定，而是由团队所有成员共同商量决定时，大家就会产生一种"责任感"，内心会认定：这是我的奋斗目标，我的努力方向。

2. 分工明确

一个优秀的团队必定会分工明确，大家都清楚自己的角色任务，并了解自己能对团队贡献多少力量。他们不会推脱责任，也不会投机取巧，而是认真对待自己要完成的每一项任务。

当然，各司其职不代表缺少协作，团队需要的是在明确个人任务的基础上，大家相互协作，共同完成总体任务。在这种各司其职式的合作中，成员之间很容易产生信赖感。每个团队成员也都明白，团队的发展与个人休戚相关，需要大家一起努力，共同进退。

3. 人人参与

每个团队成员都渴望为团队做出贡献，渴望自己成为"有用"的人，领导者要学会尊重每一位员工，尊重他们的感受，满足他们这种渴望参与的心理。所以，领导者在布置任务时，要充分考虑每一个员工，尽可能让成员都参与其中，切不可偏爱某些人，而将其他人晾在一旁。

4. 懂得倾听

在优秀的团队中，每位成员都懂得尊重与倾听。如果某位成员正在讲话，那么其他成员都会安静认真地听他说。

卓越的领导者更是懂得倾听的重要性，并将尊重与倾听作为企业的一种重要文化。在懂得倾听的团队里，每个成员都乐于倾听他人的想法，注重沟通，这样不仅极大地提高了工作效率，也营造了和谐、融洽的团队氛围。

5. 相互信赖

成员们相互信赖是团队成功的前提。美国社会心理学家李克特曾用很长时间对团队合作进行了深入研究，他发现团队合作的一个重要特点：管理层与员工们互相信赖，信任在团队中随处可见。几乎每一个成功团队，都很注重营造团队内部上下级及员工间的信任感，并且会想方设法保持团队旺盛的士气。总的来看，成功的团队往往会有下列四种特质。

（1）注重培养员工对团队的使命感和企业文化的认同，鼓励团队成员之间应风雨同舟，患难与共。

（2）宣扬诚实守信的道德品质，培养员工时以德为先。

（3）依赖并信任同事，将对同事的进步与赞扬作为第一重要的事。

（4）鼓励大家要有海纳百川的气度，在工作中强调宽容、配合、互补。

6. 直抒己见

优秀的领导者会鼓励员工们表达心中所想。当然领导自己要以身作则，充分地信赖员工，然后才能促使成员间相互信赖，进而大家才可能直言不讳。

优秀的领导者会给员工们提供畅所欲言的平台。每名员工都可以毫无顾忌地表达观点，分享看法，不论表达的内容听起来多么荒唐，领导者都会尊重。因为领导者明白，伟大的观点不被接受前，几乎都是离谱和不可思议的。

这样，团队成员都会互相了解和支持，在团队中也可以无拘无束地"做自己"。只有团队成员真诚沟通，团队才能真正做到齐心协力。

7. 互帮互助

在优秀的团队里，员工可以无拘无束地与领导讨论问题，还可以发出请求："我目前遇到了点儿困难，你能帮我看看吗?"另外，当团队内部出现分歧，甚至意见大相径庭时，大家也会坦诚交流，平心静气地商量解决方案，即使不能完全消除分歧，员工们也能自我调整，按照团队要求开展工作。同时，每位成员会根据团队需要随时调换工作，最大限度地为团队考虑。

8. 彼此认同

高效团队的特点之一就是彼此认同，大家会经常受到其他成员的赞赏和认可。团队里每个人都很喜欢参与团队活动，因为他们会经常在各种场合听到这些话：

"我觉得你肯定能做得很好!"

"太感谢你了! 你做得太棒了!"

"你是我们团队的主力! 这个项目不能少了你!"

"你的能力是最出色的!"

这些来自团队成员的赞扬和认可成了大家工作的强心剂，给了大家足够的尊重，提高了大家的信心，使大家愿意携手奋进。

上面所说的几点特征，有没有出现在你带领的团队中呢? 请抽出一点儿时间认真思考一下，这将对你带出一支高效的团队大有帮助。

许多企业的领导者都说："我们公司需要有能力的优秀团队来帮助我们提高员工士气和企业生产力。"作为企业领导者，一定要明白：建立优秀卓越的团队是公司发展的第一要义，千万不能忽视。

培养出一支高效的团队，对企业领导者来说百利而无一害，具体来看，有以下好处。

（1）众人拾柴火焰高，团队协作可以完成个人无法做到的工作。

（2）可以充分发挥每位成员的才能，使得人尽其才。

（3）成员有参与感，可以提高工作积极性，促使其自觉完成任务。

（4）可以让成员的行为和能力达到企业的要求。

（5）激励成员更好地工作。

（6）最大限度地降低冲突带来的损害。

（7）有切实可行的团队目标，帮助企业明确发展方向。

（8）让成员懂得团队协作，营造出良好的工作氛围。

一支高效的团队，能在职场上所向披靡。成员们一起奋斗，不断打胜仗，不断突破自我，创造奇迹，赢取未来。而作为这个优秀组织的一分子，每个人都会倍感自豪，他们会骄傲地对所有人说："我热爱我的团队！我享受在团队里的非凡瞬间，那段大家共同奋斗的经历，那些互相帮助取得的经验，我将永远铭记。"

在高效团队工作、学习期间，每位成员都会不自觉地重新审视自我，重新认知自己跟团队以及同事的关系，慢慢地进步和成长，从而得到真正的快乐和满足。

总之，一个高效的团队对领导者而言正是如虎添翼，它能让一个企业保持旺盛的生命力，不惧时代变化，一往无前。

第二章

不会授权，你就只能自己累

◆ 聪明的领导，不会事必躬亲

◆ 只有充分信任，才能有效授权

◆ 选对人，才能成功授权

◆ 授权有度，管理有方

聪明的领导，不会事必躬亲

在管理团队的过程中，领导即使能力再强，也不可能凡事都亲力亲为。一个合格的领导，在明确下属的工作职责和需要承担的责任之后，需要合理地授权给下属。

北欧航空公司有很多需要改进的地方，其董事长卡尔松在短时间内就改革成功了，不得不说这是一个奇迹。他的秘诀就是授予下属职权，给下属充分的发挥空间和足够的信任。

卡尔松最初的目标是要改革北欧航空的陈规陋习，想让公司成为欧洲乃至全世界最准时的航空公司。但他对此并没有良策。于是卡尔松在公司到处物色人才，最终他如愿以偿地找到了一位。卡尔松请教这位员工："你认为我们如何才能改进时间管理问题，让公司成为欧洲最准时的航空企业呢？你能不能替我想一想这个问题的解决方案？过几个星期来见我，把你的想法告诉我，看看我们能否做到。"

几个星期后，这位员工带着他的答案来见卡尔松，他说："这个目标可以做到，不过大概需要 6 个月的时间，还需要 160

万美元。"

卡尔松听后很开心："太好了，继续说下去。"因为他原来预估的费用是这位员工提出来的四五倍。员工接着说道："稍等一下，我和团队成员一起来的，我们准备向你做一个完整的汇报，详细说明到底要怎么做。"

卡尔松立马回复："没关系，不必向我汇报了，你们尽管大胆去做。"

大约过了 5 个月，这位员工请卡尔松去视察工作，并给他看了最近几个月的业绩报告。当然，此时公司在航班准点方面已经成为欧洲第一航空公司。另外，他请卡尔松视察还有一个更重要的原因，就是他在这项工程中只花了 100 万美元，比预计还省了 60 万美元。

卡尔松之后谈起这件事时，说："如果我直接告诉他：'好，现在给你布置一项重要任务，这个工作关系着我们公司是否可以成为欧洲最准时的航空公司，我先拨给你 200 万美元经费，你要这样做。'那么会有什么结果，你们肯定可以猜到。他绝对会在 5 个月以后回来向我报告说，'我们已经按照你说的去实施了，如今项目也有了不少进展，不过还需要一段时间才能完成，大概是 90 天。另外，预算有些吃紧，还需要 50 万美元'等，但是这一次就没有发生这样的事。他有自己的方案和进度安排，需要多少经费我就拨给他，他自己就顺顺利利地完成了工作，并且还很出色。"

领导对下属授权并不是想要坐享其成，而是企业管理中不可或缺的一项工作，是公司的用人策略。领导也不可盲目、无限制地对下属授权，而要遵循一定的原则。那么领导该如何进行有效的授权，达到权力合理分配的目的呢？以下是三点授权原则。

1. 依据工作目的进行授权

对下属授权时要以团队的工作目的为依据，分配任务和工作权力都要围绕团队目标展开，只有确立了要实现的团队工作目标才能有相应的授权。从另一个角度来说，授权本身就是工作目标的体现：分派任务时下属就要明确自己具体的工作内容、要达到的要求和完成的标准，以及任务完成期限等事项。只有在授权时有清晰的工作目标，员工才能明确自己的工作任务，完成团队要求。

2. 权力与责任要统一

员工在完成工作任务时必须有与自己的责任相匹配的权力。若责大于权，则会使员工降低工作热情，产生消极情绪。另外，即使是员工职责范围内的情况也要不停地报告、等待批准，也会降低工作效率。若权大于责，则容易造成员工的膨胀，在工作中滥用职权，即使不是自己职权范围内的事也要插手，最终会给领导徒增烦恼，增加管理难度。

3. 授权范围要明确

一个企业包括很多部门，每个部门都有自己的权力范围和责任，领导授权时，要清晰明确，不可造成人员与权力交叉，否则会使部门之间的人员、工作相互干涉，甚至引起内部冲突，对公司、工作产生不良影响。

当然，管理者不仅要懂得授权，更要学会授权的方法，方法不同，产生的效果也不同。下面，我们具体来看一看授权的方法。

1. 充分授权

是指领导给下属布置任务授权时，并不明确指出其拥有的具体权力，而是给员工充分发挥的空间，让他在职权范围内自主行使权力，全权负责这项工作的行动方案及详细实施。这样虽然不如具体授权详尽、明确，但它使员工有了很大的自主决策权，可以最大限度地激发员工的工作热情、积极性以及主观能动性，使其更好地完成领导交代的任务。

2. 部分授权

这个方法与上述相反，是指领导授权时不将这项工作的权力全部下放至员工，而是赋予其部分权力。比如，领导让下属去调研，自己做最后的决定；针对工作要求让员工制定几个解决方案或实施策略，领导最后进行抉择和确认；让员工负责实施，但要及时向领导汇报情况等。这是目前团队中比较常见的授权方式。

3. 弹性授权

是指在某一项工作中，领导将任务和权力同时分配给多名员工，以使员工之间相互帮助、相互制约，一起完成工作任务。但这种形式只适合那些复杂又容易出错的工作。在平时工作中，如果领导总是制约授权，就会打压员工的积极性甚至引起内部矛盾，不利于工作的推进。

领导者在工作中如何行使权力，反映了其管理观念是否跟得上时代。有些领导对员工毫无信任感，任何事情都亲力亲为，权力死抓不放，既把自己累得半死，还约束了员工，最终导致工作效率低下。相反，有些领导会给员工充分授权，给他们发挥的空间，鼓励员工挣脱束缚，放手去做，结果工作卓有成效，公司效益倍增。由此可见，有效授权可以让管理更得心应手。

只有充分信任，才能有效授权

　　信任是授权的前提。团队领导如果不信任员工，就不会对其进行授权，即使给予一定权力，也是一个虚名并无实权。有的领导，一边说着授权，一边又满心忧虑，担心下属无法胜任工作。这样的领导，不免有些杞人忧天了。

　　有个人某次外出时抓到了一只幼鹰，他就将其带回家，同鸡一起圈养。这只幼鹰一直和鸡在鸡笼里生活，一起啄食、游戏。久而久之，它觉得自己就是一只鸡。

　　时间一天天过去，这只鹰渐渐地长大了，羽翼也丰满了，这个时候主人想训练它，使其成为猎鹰。可是主人万万没有想到，由于这只鹰和鸡一起过着安逸的日子长大，它已经没有了飞行的想法。主人做了很多努力，都未见成效。

　　最后主人没有别的办法了，就把它带去山顶，直接在悬崖边上将它扔了出去。刚开始，这只鹰如同一块石头般直往下掉，随后，它在慌乱之中拼尽全力地扑打翅膀，最终找回了飞行的能力。

可见，鹰就是鹰，即使你将它与鸡养在一起，它也依然具备飞行的能力，只要你放心大胆地将它从悬崖上放飞，那么它就能展翅翱翔，证明自己。在企业中，每一名员工都想用成功来证明自身价值，因此，企业领导要给他们展示才能的机会，使其为公司创造价值，同时，这也是对员工的尊重和认可。不要担心下属失败，作为领导，要试着放开团队里的"雄鹰"，并给予适当地指导和帮助，让他们尽情地在天空中翱翔。

要想让员工如雄鹰一般自由翱翔，首先就要信任他们。信任是未来企业管理的核心，而最大的信任，莫过于大胆给员工授权。一般来说，一个受领导信任、能独当一面的人都会很有责任心，领导无论布置什么任务，他都会全力以赴。

管理专家曾做过一个课题，让 500 位白领说出自己最讨厌什么样的领导，调查显示，自以为是、独断专行、不给员工权力和不信任员工这几点被反映得最多，远远超过了大家对领导工作能力、团队管理方面的议论，甚至超过了员工自身利益方面。的确如此，领导若不信任员工，又何谈授权？

只有领导充分信任员工后进行的授权，才是真正有效的管理之道。这种信任型授权看重的是员工处理工作的结果，并非过程。这种授权使下属对如何完成工作有充分的自主权，并对结果负责。而得不到领导信任的授权，会让下属丧失动力和积极性，进而影响工作。

领导能力再强，也无法事事亲力亲为，只有进行有效授权，合理利用每一位有才能的人，将其安排在适合的岗位上，让他们在职责范围内自主行使权力，发挥主观能动性，才能帮助公司蒸蒸日上。

一旦决定授权，就要充分信任下属，不要处处插手其工作；被授权的下属，也必须竭尽所能地做好本职工作，不辜负领导的信任。

一些领导看似放权了，可实际上仍处处干预，或者在某些方面不肯放手，这都是对员工的不信任，这样的授权毫无意义。领导要清楚，员工无法得到信任，就会感到不自信，随着领导的事事过问，他们会产生被轻视的感觉，进而引发愤怒、厌烦等各种消极情绪，最后可能直接"罢工"。

我们会发现，很多团队领导虽然对员工授权了，但并没有达到预期效果，甚至适得其反，将员工原本的积极性都磨灭了。之所以会出现这种情况，就是因为领导没有给予员工充分的信任。

要想发挥授权制度的作用，领导必须充分信任员工。唯有如此，员工才会全身心地投入到工作中，把工作做到尽善尽美，并有动力去学习和完善自己，获得真正的成长和进步。反之，领导如果不信任员工，授权后还是干预其工作，就会使下属产生疑问，认为自己只是一个受摆布的傀儡，如此一来，员工就会丧失责任心，懈怠工作，敷衍了事。

著名企业家、宏碁集团创始人施振荣，管理公司的基本原则就是给予员工充分信任和授权；处理问题时，即使员工的方法不正确或者与自己所想的解决方式不同，他也绝不插手。对于这件事情，他的看法是："要允许员工犯错，这是每个人成长都要经历的过程。只要他不是故意为之，只要最终他能妥善解决问题并圆满完成工作，为公司赢得利益，你就没有理由不为他支付学费。你处处插手他的工作，他失去自主决策权和施展能力的舞台，怎么能取得进步呢？"领导的信任型授权，对下属来说是一件极其幸福而具有吸引力的事，它使员工渴望施展才能的愿望得以实现，他们会因为领导的信任而倍感自信，从而极大地提高工作积极性。

但是，领导进行信任型授权时，上下级必须明确以下这些事项。

1. 任务和目标

双方必须对任务的目标和任务期限进行沟通，明确此次任务想要取得的成果，确定彼此理解无误，然后再开展工作。

2. 资源

授权双方要明确此项任务可用的人员、技术支持、项目资金等资源。

3. 责任

授权双方要明确任务完成的标准和考评次数，以及责任承担问题。

4. 奖惩

授权双方要根据工作进度和质量等情况制定奖惩制度进行评判，包括物质奖励、名誉表扬、岗位调动等。

没有信任，授权就如同空中楼阁。没有任何一个领导希望自己的员工工作时无精打采，毫无活力，但员工的工作热情、积极性和创造性是领导用信任激发出来的。所谓真心换真情，这"真心"就是领导对员工的信任。

选对人，才能成功授权

　　企业管理者在领导团队的过程中不可能事无巨细，成功的领导都懂得授予下属权力，让下属代替自己完成大部分工作。

　　授权本身很简单，但是授权之后，能否达到预期的效果，能否让授权发挥出最大的作用？其关键就在于被授权者的能力是否与这项工作匹配。因此，领导在授权之前，首先要选出合适的被授权者。

　　有一家服装贸易公司，其老板白手起家，从经营小商铺一步一步发展起来。之后，公司生意越做越大，陆续在几个城市有了分公司，员工的数量也由最初的十几人扩充到上千人。

　　随着团队的发展壮大，这位老板也需要越来越多的管理人员来共同管理公司。该公司在某市又开了分公司，但是还缺一位负责人，他在公司管理层怎么也挑不出合适的人选，无奈之下就去翻看了员工的资料，结果发现了一位在公司工作了好多年的老员工王明石，这名员工目前在总公司旗下的一家分店担任店长，由于性格内敛，不爱说话，所以这位老板对他并没有什么印象。

鉴于他是公司的老员工并且一直兢兢业业，恪尽职守，这位老板决定给他一个机会，让他来担任某市分公司的总经理。

王明石很快就上任了。到任之后，他开始着手组织大家开展前期工作，但由于王明石性格内向，不善言辞，做事不够果断，能力也不突出，在员工心中并无威望。又碰巧这一年他妻子怀孕，新房还在装修，要兼顾的事情很多，分身乏术，工作自然懈怠，员工们都对王明石颇有微词。最终，王明石仅在总经理的位置上做了一年，就因经营不善被罢免了。

从上述案例可以看出，分公司之所以经营失败，就是因为领导没有选对人，这位老板授权前被主观感情影响，没有对授权者的能力进行考察。

对领导来说，用人是其管理团队的最高艺术，用权是其管理活动的基本保证。要想充分行使自己的权力，就要懂得合理用人。在选出合适的被授权者的基础上，再进行适度授权，做到人、权并用，并在实践中使二者充分发挥力量。这也是一个合格的领导应该具有的领导力。

用人是一种管理艺术，想要学会用人，首先要"知人"。领导要对下属有全面的了解，他的优缺点是什么，善于或者喜欢做什么事情，他的性格如何，做事有什么样的风格等。比如，这名员工有良好的沟通能力和组织协调能力，那么就可以将其安排到交涉、谈判、销售等相关岗位上，而不是让他做设计研发等技术工作。了解之后，确定员工工作能力是否与所要布置的任务相匹配，不要把难度比较高的任务分配给能力不足以接受这项工作的下属，这样他们或者有压力，因无法胜任工作而耽误进度，或者过分膨胀，胡乱操作，同样影响工作。

其次要"善任"。在对被授权者有了充分、全面的评判后，对其委以重任，千万不要在不了解员工的情况下就草率将权力授予对方。只有这样，才能达到知人善任的效果。

在充分了解被授权者的各个方面后，领导就可以对其进行授权，即分配权力。这里面也有需要注意的地方，就是授权方法要因人而异。

对于一些接触不久的新员工，领导了解得很少，但由于工作原因又必须授予他们一些权力，那么领导可以在授权时合理制约其权力，即只授予基本权力，然后时刻关注其工作进展，定期给予指导，以便员工能正确行使权力，顺利完成工作。

对于那些有一定的工作经验但技术能力不突出的员工，领导要根据他们的表现和工作情况有的放矢地安排工作，可以不定期地给他们布置一些有挑战性的工作，以帮助他们尽快地成长。但要注意，不能因小失大，影响团队的发展。

而对于那些有工作经验和技术能力的员工，领导可以完全授权，从而使员工有充分的发挥空间，但不能做甩手掌柜，要适当关注，避免员工的工作偏离轨道。

授权有度，管理有方

授权，是领导者需要掌握的一门管理艺术，下放权力看似简单，但想要达到授权有奇效，领导者心中就要有一杆标尺，先丈量下属的能力，再决定给予多少权力。量能放权，方能有奇效。

如果给予下属权力过大，就容易出现下属滥用职权的情况，而且对领导自身来说，会对工作失去控制，让自己陷入被动。如果给予下属权力过少，那么他们很难充分开展工作，从而影响任务进度和完成质量。此外，也很难培养下属的责任心，对领导自身来说，也是费力不讨好的结果。事事都管，用大量的时间去处理琐碎的工作，其结果就是，领导忙得焦头烂额，员工们却无所事事。

身在其位，须谋其政。作为领导者，一定要明白自己的主要职责，不能主次颠倒，因小失大。必须掌握授权之道，真正做到授权有度，管理有方。

有一个叫作花牛镇的地方盛产苹果，大家都将其称为"花牛苹果"，这种苹果在各地都很畅销，当地一些人也因为它发家致富。

刘先生就是借着这独有的资源优势在当地建立了一个水果批发市场。国家鼓励农民"退耕还林"的政策发布之后，当地很多人都开始种植苹果树，由此，刘先生的水果生意愈发兴隆，尤其是每年苹果成熟的时候，来这里购买水果的商人络绎不绝。随着生意越做越大，刘先生打算建造一个大型的水果冷库。

为了办理冷库建设的相关事宜，刘先生须找人暂管水果批发市场。刘先生心中有两个人选，第一个是一名毕业不久的大学生，在公司工作将近一年了，理论知识丰富，目前负责的是水果质量的检查、处理等一系列工作；另一个是在公司干了很多年的一名员工，工作经验很丰富，但理论不足，目前负责的是市场业务的拓展和客户的谈判。

这两人各有优点，刘先生一时难以取舍。再三思量后，刘先生决定放弃最初的想法，把市场管理权一分为二，根据二人的特点分配不同的任务；大学生在原有权力的基础上，又增加了根据实际情况购买设备的决策权等；老员工在负责谈判业务的基础上，增加了可以根据谈判情况决定成交价格，以及调整水果价格的权力。

如此，刘先生将自己的管理权合理地分配给了两名员工，在分权治理的半年中，水果批发市场保持着良好的运转，利润不断增长，同时刘先生也完成了他的冷库建设计划。

如果当初刘先生将市场管理权全部授予一个人，很可能会导致授权过度出现失去控制的情况，而刘先生在授权时选择了分解权力的方法，不仅均衡了每位员工的权力，还发挥了员工的特点，让授权真正落到了实处。

对于授权，领导者必须清楚一点：授权不等于弃权。如果领导者授权之后不管不问，那就是不负责任；如果员工没有圆满完成任务，领导者就将责任全都推到员工身上，自己撇得干干净净，这更是不负责任。任何时候，领导者都要有责任感，即使下放了权力，也要保持高度的警觉，关注权力的使用情况，以便在工作中掌控全局。

在上述案例中，刘先生虽然将市场管理权授给了员工，但自己仍定期视察，掌握情况。由此可见，完美的授权就是既给予了对方权力，又做到了心中有数，即真正将授权与管理合二为一。

具体来看，授权有以下三点需要注意。

1. 适当放手

在控制和监督员工权力的过程中，不要干预太多，对于无关大局的失误可以适当地忽视，让下属自己解决。尽量不要去插手他们的具体工作，给予员工充分的信任，不要让其产生被控制和被监视的感觉。

2. 及时调整策略

有的员工在拥有权力之后，对待工作更有热情和更具积极性，在很多方面都取得了不错的成果，增加了团队的效益。针对这种情况，领导就要做出行动，给予员工适当的奖励。而有的员工得到权力后，由于能力不足或其他原因，并没有取得成绩，甚至还使团队遭受损失，那么领导就应该及时将权力收回，避免给团队造成更大的损失。

3. 定期汇报

领导将权力授出后，应让下属定期汇报工作进展情况，以保证权力得到正确发挥。

第三章

情商管理，带团队就是聚人心

◆ "感情"套牢人心

◆ "亲和力"凝聚人心

◆ "提携"笼络人心

◆ "敢于揽过"，赢得忠心

"感情"套牢人心

"感情"这个"剪不断，理还乱；丢不开，抛不弃"的东西，是世界上最有韧性的绳索，它可以套牢人心。一个企业，想要长久地留住有才能的人，就需要感情的绳索。

"感情"是众多驭人术中最为有效的方法，能使各式各样的能人为自己真心效力的管理者，都是善于控制人心的专家，都是善于打"感情牌"的高手。

在中国历史上，有很多擅长用感情笼络臣心的帝王，唐代宗就是其中一位，他说服名臣李泌的故事广为流传。

李泌是唐朝中期的政治家，作为一位智囊人物，是玄宗、肃宗、代宗、德宗四朝元老。在唐朝由盛转衰时的重要历史事件"安史之乱"后，李泌辅佐唐肃宗，为平定叛乱、稳定政局、重振唐朝立下了不世之功。李泌不贪图功名利禄，在战乱平定不久后，迫害的阴影向他袭来，他见机而行，告别政坛，归隐衡山，遨游于林泉之间，与麋鹿为伍，同道士结伴，不食荤腥，过着闲云野鹤般的生活。

唐代宗即位后，派遣使臣将李泌自衡山接出。代宗对他礼遇有加，在宫里还专门为他修建了一所书院。有一年端午节，王公大臣、后妃公主都向皇帝献了礼物，只有李泌什么礼物也没送，他对代宗说："我在宫中居住，从头巾到鞋袜都是陛下赏赐的，我所拥有的只有一副身躯，我拿什么献给您呢？"

代宗说："我所需要你贡献的，正是你的身体。"

李泌道："老臣的身体自然是属于陛下，否则还能属于谁呢？"

代宗说："当年先帝想委屈你出任宰相，就未能办到；如今既然你已贡献了自己的身体，那就由我来安排你所要做的事情，你可就真的做不了主了！"

李泌异常吃惊，忙问道："陛下想要我做什么？"

代宗说："我想让你吃肉饮酒，娶妻成家，做官受禄，成为一位世俗之人。"

李泌流泪恳求道："老臣已不食人间烟火二十多年，陛下何必非逼我改变志向呢？"

代宗说："现在你住在这九重深宫之中，还能去哪里呢？哭也没有用了。"

于是，李泌娶了名门望族卢氏姑娘为妻，婚事所有费用，全由代宗负责。

皇恩浩荡，李泌再也没有可选之路，只好为皇上效忠了。

在现代社会里，也有不少善用情感留住人才的管理者，安东尼就是一位。

为了研究项目，安东尼聘请了一位颇有才能的青年技师比尔。比尔一上任，就一头扎进实验室，整整干了一个星期。在工作最紧张的时候，比尔一连几天都不离开实验室，吃饭都是在实验室匆匆解决的。

实验告一段落后，比尔好像老了十来岁。疲惫至极的他倒头就睡，睡了一天一夜才醒过来。

看到因睡眠严重不足而神情疲累、眼窝深陷的比尔，安东尼深受感动，他拉着比尔的手，真诚地说："我希望你改变一下自己的工作方式，否则我将停止这项研究工作。"

"为什么？"比尔一时间觉得迷惑不解。

安东尼心疼地说："像你这样不分昼夜、不顾身体地工作，等不到新产品问世，你就先累垮了。我宁愿不做这个项目，也不能赔上你的身体。"

比尔为老板如此关心自己而倍感宽慰，还有些激动。他说："不会的，像我们做研究赶项目进度的都是这样，已经习惯了。"

安东尼听了这些话，十分欣慰，再次强调说："是啊，你们搞研究的人都是这般辛苦，但我还是希望你能照顾一下自己的身体。虽然我们相处的时间不多，可我知道你对工作百分百地认真负责。这对我来讲已经足够了，就算研究不成功，我也不会责怪你，你也用不着为此自责。"

比尔听了老板所说的这番话特别感动，一股愿为项目"赴汤蹈火"的斗志从心底油然而生，此后工作更努力了。不到半年，研究就获得了成功。这项新技术的问世，为安东尼的公司进一步发展奠定了坚实的基础。

人是感情丰富的动物，"感人心者，莫过于情"，真情能够充分体现领导者对员工的关爱、重视和信任。对员工来说，他们最忌讳的就是被人当作工具利用。诚然，没有人愿意被当成一台赚钱的机器，也没有人甘心被无情地压榨，领导者必须懂得用感情来维系与员工的关系，只有多打"感情牌"，才能和员工打成一片，并把他们牢牢地"绑"在自己身边。

领导者要记住一点：虽说"感情"是一种极佳的"套牢"人心的方法，但这种"感情"必须是发自内心的，虚情假意只会适得其反。

"亲和力" 凝聚人心

对管理者来讲，具有"亲和力"是至关重要的。有"亲和力"的领导更容易与团队成员互动交流，更容易将团队成员的力量凝聚成一股力量，打造同心协力的团队精神，带领成员共创佳绩。

作为一个管理者，绝对不能高高在上，把自己看作是高于团队成员的大领导。有高人一等的意识，就容易与团队成员拉开距离，脱离了团队还何谈领导力，何谈人心？要想凝聚人心，就要抛弃领导的优越感，培养自己的"亲和力"。

某集团对管理者进行了一次特别培训，特别在于培训的内容不是什么相关的专业知识，而是教管理者学会微笑。有人觉得这是一件非常滑稽的事，但是从另一个角度来看确有必要。让管理者参加"学会微笑"的培训，其目的就是让管理者拥有"亲和力"，管理者只有学会了微笑，才会拉近与团队成员之间的距离。距离拉近了，沟通也将更加顺畅，只有员工愿意与管理者敞开心扉，更多的声音才能被管理者听到。

当领导变得有"亲和力"，也就等同于拥有了号召力。而管理者的最高境界就是能让团队成员心甘情愿地跟随。拥有了人心，成功也就指日可待了。

有一些领导者认为，既然能称得上领导，就是与其他普通团队成员不在同一层次，作为领导就应该拿出领导的做派。这样的想法，对一个团队来讲是很危险的，是需要从根本上摒弃的。

当领导者与团队成员的距离越来越远时，失败就离团队越来越近，这绝不是危言耸听，亲和力对管理者而言有多重要，看看下面的事例就知道了。

小郭与小李同在一家公司上班，分别担任两个部门的主管。他们的性格完全不同，小郭性格温和，愿意和团队成员亲近。小李性格冷漠，和团队成员总保持一段距离。两个人工作能力都是一流的，是各自部门的佼佼者。

小郭特别喜欢自己的工作，他的这份热情随时传递给团队成员。身为领导的小郭并不觉得自己高人一等，他总是微笑着帮助团队成员解决遇到的问题。久而久之，小郭与团队成员养成了一份默契。有时，不用小郭费心，团队成员就已经自觉完成了工作，而且十分出色，让小郭轻松不少。

小李也特别喜欢自己的工作，可不同的是，由于与团队成员之间的距离，他的这份对工作的热情无法传递给团队成员。工作中的小李雷厉风行，甚至有些不讲情面。当团队成员出现错误时，他总是当面指责，丝毫不顾及对方的情绪。在向团队成员传达工作时，表情严肃，语速飞快，根本不考虑团队成员有没有理解。团队成员即便没能理解，也畏于小李的威严，而不敢当面再问一遍，结果造成工作失误。

后来，公司内部重组改革，小郭与小李所带领的部门将会合并成一个部门。这样，便有一个问题出现了：小郭和小李，其中一人将要成为对方的团队成员。

两人能力相当，由谁来担任新部门的领导呢？为了保证公平公正，公司决定通过内部投票来选择，结果可想而知，小郭成功上任，成了小李的领导。

其实，不是小李不够优秀，而是因为他缺乏"亲和力"。作为团队领导，没有"亲和力"是很难被团队成员接纳的，团队管理也注定举步维艰。

对企业来说，最需要的就是像小郭这样的优秀管理者，不但具备丰富的专业知识，更懂得"人心所向"的道理。当然，"亲和力"并不是简单地对员工微笑，给下属几个好脸色那么简单。"亲和力"是一种独属于领导者的人格魅力，需要领导者在平时的工作中真正为员工着想，站在员工的角度考虑问

第三章　情商管理，带团队就是聚人心　▶　047

题，为员工排忧解难，让员工安心、放心，以更好的状态、更饱满的热情投身于工作。

　　"亲和力"所带来的巨大力量超乎我们的想象，对领导者来说，"亲和力"就是"号召力"，拥有"亲和力"的领导自带光环，会自然而然得到团队成员的拥护，会成为团队中无形的精神力量，进而提升整个团队的"战斗力"。

"提携" 笼络人心

得人心者得天下。以提携的方式笼络人心、凝聚人才，是历代统治者惯用的"感情投资"方式。细看历史舞台上上演的一出出笼络人心的戏码，演技之精湛，策略之高明，真可谓精彩绝伦。

周公"一沐三捉发，一饭三吐哺，起以待士，犹恐失天下之贤人"；曹操闻贤士谋臣来投，"跣出迎之"；刘备"三顾茅庐"邀请诸葛亮出山；等等。这些故事都尽显求贤若渴之诚心、礼贤下士之姿态，如此，哪能不感动人心。

古往今来，凡是成大事者，都有众多赤胆忠心的追随者，而这些人大多数都是被提携过的人。所以，假如你自身有条件也有能力，不妨在合适的时机伸出手提携一下你看好的人。

作为领导者，一定要善于运用"感情投资"这张牌，不遗余力地提携他人，他人必定会心存感激，进而成为支持你的坚定力量。

那么，团队领导该如何适时地提拔员工呢？具体来看，当公司需要提拔员工时，你便可以亲自提携，或适时举荐。这里所说的提携，有下面多种方式。

1. 给团队成员升职

这是最为直接的一种，也是最被人认同的提携方式。"士为知己者死"，这句话道出了中国古代士大夫阶层的普遍心态，统治者的提携施惠、破格提拔，很容易激起士大夫阶层的报答之心，而造就"鞠躬尽瘁，死而后已"的忠诚下属。想成大事的明智之人，懂得提拔甚至破格提拔人才的作用。越级提拔是"感情投资"中的精髓部分，被越级提拔者往往会比按部就班地一级级提拔上去的人更感激领导者，他们往往也会更忠诚。

当然，还要看团队成员的才干和能力是否能够担当重任，假如是一位"扶不起的阿斗"，反而会成为你的负担，害了你自己。

2. 为团队成员调整职务

这里指的不一定是升职。领导者在管理团队时，要懂得根据团队成员的能力和特长去安排职务，如果发现某位成员不适合所在的位置，那么就需要重新考量，为其寻找合适的位置，这样不仅团队成员会感激你，还有利于团队成员发挥自己的才干，使整个团队变得更好。

3. 替团队成员解决实际困难

一分钱可以难倒英雄汉，假如某位团队成员确实是"英雄"，领导者就要有爱才之心，帮他解决实际困难，让他更加专注地投入到工作当中。

4. 帮团队成员远离危险

所谓职位越高，责任越大，身为团队的主干，领导者要对每个团队成员负起责任。当团队成员可能误入歧途时，拉他一把，暗示他或明白地告诉他，让他免于毁灭或受伤。

5. 鼓励团队成员

在你的团队成员遭遇逆境而心灰意冷时，遭小人打击而一蹶不振时，在精神上鼓励他、支持他，让他振作起来，这也是一种提携。

当你提携他人时，也要全面考虑一下，并做好以下一些必要的心理准备。

1. 承担风险

世上没有十全十美的事，所以看人这件事也不可能百分之百准确，有时也会看走眼，把庸才看成天才，把"小人"看作朋友。因此，"提携"某人后，也可能会有被他拖累甚至背叛的危险。

2. 承担流言

假如"提携"的动作幅度较大、涉及面过广，很有可能会被人认为是在培植势力，而滋生流言蜚语，遭到其他成员的不满。

作为领导者，必须掌握好提携的分寸，既达到笼络人心的目的，又不失去其他人的拥护，唯有如此，才能事半功倍。

"敢于揽过"，赢得忠心

在情况多变的职场当中，保不准会出现意外情况，让那些兢兢业业的员工无所适从。当有这种情况出现时，身为领导应该主动站出来为下属撑腰，必要时，还要自揽过失，庇护下属，否则将失去下属对领导的忠心，甚至导致其跳槽离职，如此一来，只会给团队的发展带来不利影响。

汉朝汉明帝时，有一帮匈奴人向汉朝投降，明帝龙颜大悦，便下诏给尚书仆射钟离意，让他准备一些绢绸，赏赐前来递交降书的匈奴使者。钟离意按照明帝的吩咐准备好绢绸后，就将事情交给了自己信任的郎官去办。

可是，那个郎官临时起意，他想："既然匈奴人有意向我大汉天朝投降，我们就应该拿出一些诚意来，多给些赏赐才好，既彰显我大汉天子的仁爱，又展示了我天朝的富足强盛。"于是他自作主张，多给匈奴赏赐了一些。

汉明帝知道这件事后勃然大怒，要对擅自做主的郎官施以重刑。钟离意认为自己作为这件事情的负责人，责任应该由自己来承担。为了不让自己的属下替自己受罚，他火急火燎地赶到皇宫，对皇帝说："任何人都难免犯错，再说这件事情原本是我的差事，是我委派郎官去做的，现在出了差错，责任应该由我来承担。况且那个郎官一直深受我的信任，他做事情向来尽职尽责，对国家更是忠贞不渝，这次犯错的原因也是为了让投降的匈奴人知道我大汉天朝皇帝的仁爱之心。虽处事不当，但也是为了国家着想。还请皇帝明鉴，能够从轻发落！"说完，钟离意跪在地上，脱去上衣，等待皇帝惩罚。

见此情形，汉明帝感叹钟离意竟有如此胸怀，主动为属下承担过错，实属负责任、有担当的好官，怒火已去大半，不但宽恕了钟离意，也饶恕了那个郎官。郎官对钟离意感激不已，此后，做事更加小心谨慎，再也未出过纰漏。

俗语云："常在河边走，哪有不湿鞋。"常年在职场中奋斗，谁都免不了犯错挨罚。正因如此，许多员工在职场常常是如履薄冰，生怕走错一步。如果员工被处罚时领导能挺身而出，救下属于水火，那绝对会使其感激涕零。

作为一个团队的领导者，"敢于揽过"，敢于为团队负责，是管理者顾全大局的体现。对这样的领导，相信所有的团队成员都能全心全意地协助，以更出色的表现来回报领导。

一个人想要成就一番大业，就必须在他周围的人心中树立起一个良好的领导者形象。只有这样，才能在团队中树立起威信，使团队成员真心敬服，尽心尽力地帮你做事。因此，一个有智慧的领导者除了应该懂得在团队成员面前保持自己的威信外，还要善于"敢于揽过"。

李健是一名客服部经理，他手下有一名叫小雪的员工，头脑非常清晰，办事能力很强，又为人亲和，极有责任感，无论面对什么样的投诉，在她的耐心处理下，都能让客户满意。李健对小雪的能力非常认可，不仅经常表扬她，还打算再过一段时间就给她升职。

可是俗话说："人有失足，马有失蹄"，小雪在一次工作中因为一个失误，导致一个客户的退款没有在规定的时间内到达账户，而那个客户脾气非常火爆，不但打电话到公司辱骂小雪长达一个多小时，还在社交媒体发表不利于小雪所在公司的言论。这件事情对公司的形象造成了不利影响，公司领导非常气愤，要严惩小雪。

可李健认为，下属在工作过程中，难免会出现这样或那样的过失和不足，如果这件事的责任全部由小雪承担，她恐怕难以承受，甚至会因此丢了这份工作。于是李健勇敢地站了出来，一方面为小雪说情，一方面检讨自己作为部门经理督查乏力，才造成这样恶劣的结果，并提出要和下属一起解决这次的投诉事件并承担责任。

李健的做法让小雪感动不已，从此以后她工作更卖力了。而其他员工看到部门经理这样勇于承担责任，也都更加信服他了。

上面案例中的那位部门经理无疑是一个精明的企业领导者，他能够在下属面临困境的时候主动站出来说明情况，并勇于揽过，最终为自己赢得了人心。如果这个时候，领导者不闻不问，什么事情都让下属自己解决，那么下属就会心寒，从而与领导产生隔阂，由此工作也很难做好。领导的冷漠，最终只会让自己失去一个忠心的下属，试问：有谁愿意为冷血无情的领导效力呢？

不过，这里所说的"揽过"并不是指毫无原则地包容下属，一切行为都应该在坚持公司原则的前提下进行。领导要本着有利于团队的建设、调动下属积极性与创造性的原则，给团队成员以尊重和关爱，以激发他们的工作热情。

员工紧密团结在一起，整个团队才能更好、更快地向前发展。而只有领导者有担当，有责任心，愿意为团队成员"揽过"，才能得到团队成员的真心爱戴和拥护，才能带领整个团队创造辉煌。

第四章

狼性精神，打造铁血团队

- ◆ 铁的纪律打造铁的团队
- ◆ 制度是团队不散的盾牌
- ◆ 团队精神让团队一往无前
- ◆ 为了团队荣誉而战

铁的纪律打造铁的团队

狼生活在危机四伏的环境，时刻面临着各种各样的危险，是什么秘诀让它们在残酷的生存环境中得以存活？是纪律，铁的纪律。

狼是群居动物中最讲秩序和团队性的动物，严明的纪律已经成为狼群的象征，也正是这种纪律性，使狼成为当之无愧的草原霸主。

一个好的团队，必然是像狼群一般的团队。一个团结一心、协同作战、富有进取心与战斗力的团队，必定是一个有着严明纪律的团队。同样，一个忠诚敬业、积极主动的团队成员，也必定是一个具有强烈纪律观念的员工。也就是说，纪律永远是团队的根基。对一个团队来说，没有纪律，就没有坚实的基础，就没有了一切。

何谓纪律？

纪律就要命令。所谓"军令如山"，命令下达后就要立刻服从、执行。管理团队亦是如此，下级要服从上级管理，团队成员要服从团队领导。令行禁止，下达的命令要保证执行，保证有结果。服从，是团队成员的基本素质，也是管理者对所有团队成员的基本要求。

纪律就要遵守。所谓"不以规矩，不能成方圆"，公司制定规章制度，是为了维护集体利益并保证工作顺利进行。团队成员遵守各项规章制度，贯彻各种会议决议，执行团队计划，这是所有团队成员必须履行的职责。当中，管理者必须起到带头作用，有形的规章制度要遵守，无形的企业文化更要遵守，这是贯彻纪律的关键所在。管理者、被管理者都不得将个人、亲属、小团体的利益凌驾于团队利益之上。

形成良好的工作秩序是一个人或一个团队在复杂多变的竞争环境中得以生存和发展的基础。团队高效运转的前提就是团队成员认同相关的规则，认同才能遵守，才能成为一名合格的团队成员。对员工来说，要自觉将制度放在心上，严格按照制度行事，切勿将公司制度视作儿戏，为所欲为。

一个团队，假如没有相关的纪律和制度，就必然会造成整个团队执行力的缺失，还有可能造成团队的内耗，乃至整个公司的系统紊乱。所以，在一个团队里，有些无形的东西，如敬业精神、服从精神、协作精神等，甚至要比任何有形的东西重要。当然，这些可贵的品质不是与生俱来的。所以，向团队成员灌输纪律意识意义重大，它关乎团队的未来，领导者必须予以高度重视，将其作为管理团队的第一要务。

纪律是团队之魂，没有纪律，就没有执行，就没有高效的公司执行体系。铁的纪律，再加上完善的规章制度和执行体系，就能造就一个无往不利的铁血团队。对团队来讲，纪律属于约束行为的范畴，是无形的企业文化与有形的规章制度的融合。但对于领导者则有着更深一层的意义：纪律体现着领导者个人的管理品格。要有明确的规章制度作为行事规范使团队运作，但是要让规章制度发挥效用，管理者就需要将纪律落实到位。同时，对管理者自身而言，更要成为遵守纪律的榜样，只有管理者以身作则，团队成员才会自觉跟随。

纪律是团队持续进行变革与创新的保障，是团队保持成长的原动力。在团队改革中，必然会遭遇很多困难和挫折，这个时候只靠信心是不够的，还需要快速的行动力，而想要达到命令与执行的完美契合，就需要团队纪律。

强调团队纪律的同时，管理者自身也要有自律性。从某种意义上讲，自律即自我约束，它是个人能力、智慧和修养的具体表现。恪守纪律是领导者在团队中履行职务的先决条件，代表着领导者对工作的态度、对角色职务的尊重以及对团队的承诺。管理工作本身是个极为复杂的过程，面对繁杂的工作，倘若没有遵守纪律的精神，就容易迷失方向，就会影响团队目标的实现。

纪律是成功的基石，是团队成长中不可轻视的力量。一个团队，从领导人到每个成员，都应该以铁的纪律约束自己，唯有如此，才能打造无坚不摧的铁血团队。

制度是团队不散的盾牌

狼的存在，本身就令人望而生畏。不仅因其凶狠，还因为它们足够聪明。在狼群里，为了保证狼群行动的一致性，头狼会制定狼群规则。一旦确立了规则，那么无论是头狼，还是其他狼群成员，都必须严格遵守。如果有狼违背了规则，那必然要受到惩戒。正是因为这种制度化管理，才使得狼群在弱肉强食的动物世界里存活了上百万年。

狼群的制度化管理对团队管理有很强的借鉴意义，必须看到，团队建设同样需要完善的制度。所谓制度化，就是将团队从不固定模式向固定化模式转化，有量化的标准。制度化是团队走向规范化和成熟化的过程，是团队发展不可或缺的一环。具体来看，制度化主要包括以下几个方面。

1. 绩效考核制度

人力资源管理的核心是绩效管理，而效率与公平则是绩效管理的核心。想要通过绩效管理来实现效率与公平，就需要建立一套科学合理的绩效考核制度。这要求管理者应当从团队的战略出发，以培养与提高团队核心能力为重点，确立团队的绩效总体目标和各个部门的分目标，然后下达、执行、考核，实现绩效考核的最终目的。

在一些企业中，还有很多团队没有建立合理的绩效考核制度，有的团队虽然制定了绩效管理制度，但在实践中遇到了诸多问题，绩效评估的公正性、客观性与合理性受到影响。那么，在制定绩效考核制度时，我们该注意哪些问题呢？下面是几种常见的情况，领导们应该警戒。

（1）对团队成员情况不了解而进行评估。在实际工作中，高层领导和团队成员的直接接触并不多，即便有所接触也是在一些正式场合，对团队成员的工作情况知之甚少。有时候高层领导并不知道团队成员的具体工作要求，这就使得高层领导的评价可能会出现不太客观的情况。团队成员如果不满意考核结果，就会心生不满，进而影响工作。

（2）考核的标准过于主观。在具体工作中，一个大团队可能会被分成几个小团队开展工作。每个团队成员的能力参差不齐，如果处在人才济济的团队，有的成员是很难获得较高的评价。然而，如果处在能力普遍不高的团队，那具有同等能力的成员就容易得到较高的评价。如果仅以此来考核员工能力的话是不公平的。

（3）绩效考核"走形式"。有一些团队领导为了保持团队的和谐气氛，会采用"轮流坐庄"的员工绩效考核方式，即让每个员工都有机会获得最高等级的评价。虽然这种方法可以在一定意义上避免团队成员互相猜忌、滋生矛盾，但也冷落了工作出众的员工，会挫伤他们的工作积极性。

（4）领导者态度傲慢。领导者在对团队成员进行评估时，应该保持良好的态度。有些领导者喜欢以高高在上的姿态品评团队成员的表现，如此，不仅会破坏领导与团队成员的关系，还会使团队成员受到打击，降低对绩效考核制度的认同程度。

2. 激励机制

团队管理者应该重视正面激励的作用，掌握多种有效的激励方法，激励团队成员，让他们充满自信，充分发挥潜能。

激励可以有效调动团队成员的积极性，但需要注意的是，管理者必须把握好以下原则。

（1）保持公平性。公平是激励机制中的一个十分关键的问题，只有真正做到公平，激励才能对个人真正起到作用，进而带动整个团队的士气。倘若做不到公平，就难免会出现相互打压的情形。

（2）客观评价。激励员工时，管理者要依据实际情况，施以相应的激励。不能为了树立典型就脱离实际情况而盲目夸大，每一个团队成员的眼睛都是雪亮的，不切实际的吹嘘只会让他们嗤之以鼻，根本起不到鼓舞士气的作用。

3. 应变机制

一些团队管理者认为，培养团队成员的团队精神，就必须牺牲每一个团队成员的小我，来成就团队的大我。管理者这样的认识是极其错误的，团队管理者应该尊重每位成员的个性，不能为了趋同而让成员放弃个性，这种管理模式无疑是本末倒置。针对团队成员的不同个性，管理者应该制定一套完善的应变机制，实现优势互补，有效管理。

尊重团队成员的个性和团队精神冲突吗？答案是否定的。团队业绩来自团队成员的个人业绩和团队集体业绩，其中，个人业绩是重中之重。只有尊重团队成员的个性，让他们发挥自我去完成工作，才能实现个人业绩的增长，最终实现团队业绩的总增长。所以，培养团队精神，提高团队业绩，都须以尊重个性为基础。

总之，制度就好比火车的轨道，是管理者用来规范团队成员行为的准则。管理者只有将制度化与规范化相结合，才能培养出团队成员的狼性，打造充满热血的无敌团队。制度并不是死的，在实施中必须注重灵活性，唯有如此，才能将制度化优势发挥到极致，才能真正践行团队精神，实现团队的伟大目标。

团队精神让团队一往无前

所谓团队精神就是团队成员为了实现团队利益和目标而团结协作、为集体奉献的精神。而狼便是一种非常具有团队精神的动物。

在狼群中，每一匹狼都承担着相应的职责，每一匹狼都要为狼群负责。比如，头狼担任领导狼群的职务，负责管理整个狼群，狼群的其他事务则由其余的狼共同承担。当母头狼生下一窝小狼后，通常是由成年的雄狼担任"保姆"养育它们，母头狼得以暂时摆脱养育之职，又投身到狩猎之中。

事实上，狼群的"协作精神"与"集体主义意识"在哺育期已经显露出来。在哺育期，每一匹成年的狼都担负着抚育后代的重任，它们合作捕食，分担责任，共同养育幼狼，延续着狼群的血脉。最令人感动的是，当它们遇到危险时，它们就摇摆自己的尾巴、相互触碰对方的鼻子来彼此鼓励。在狼群中，并非每一匹狼都觊觎头狼之位，只要确定了头狼，其他狼就会各司其职，真心服从头狼指挥，以达到最完美的团队合作。

在狼群社会里，一匹成年狼的死去对整个狼群都是损失。抚育小狼时，怎样寻觅安全之所？追踪猎物时，如何协同作战……这些有关狼群生存的经验都将会随着一匹老狼的死去而消逝。幸运的是，幼狼在老狼的教导下，会不断地成长，直至成为合格的头狼。狼群中的捕猎行为、互助行为，甚至游戏打闹，皆是在训练幼狼的生存能力。通过这些训练，幼狼会不断增长经验，提高应具备的能力，建立团结互助的群体观，同时知晓未来要承担的职责，了解整个狼群的未来发展状况，以狼群的发展和壮大为己任而努力使自己成为优秀的狼。

狼群中的训练、团队精神以及凝聚力是决定整个族群生死存亡的重要因素。每一匹狼都肩负起延续狼种群的义务，都为狼种群的生存和发展贡献力量。因此，训练幼狼是必要的，只有这样，一匹老狼的死亡才不会危及整个种群，让种群陷入毁灭危机，因为小狼已经成功接班，足以担负起相应的重任。

作为团队一员，我们都应该学习狼群的团队精神，学会站在团队的角度考虑问题，带着责任感认真工作，为团队的发展尽心尽力。其实，每一个团队都好比一个大家庭，每一位团队成员都是其中的一分子，只有每一位团队成员都具有团队精神，才能真正对团队工作负起责任，才能用心去建设团队。

比如在一条流水线上，有数千个汽车装配工人在工作，哪怕只有一组人的工作出现了失误，汽车就无法出厂——因为没有人愿意购买有质量问题的汽车。又如，在攀登极限的登山过程中，一般登山运动员之间都以绳索相连，如果一个人失足，其他运动员就要上前全力营救。否则，这个团队也将无法继续前行。而当大家想尽办法，使尽了力气还是于事无补时，也只能选择放弃——割断绳索，让那个失足队员自生自灭。尽管大家都于心不忍，但唯有如此，其他队员的性命才能保全。很多时候，割断绳索的往往是那名失足队员，因为在他心中有着坚定的团队精神。

十分注重团队协作的九州营销是一个销售代理公司，总裁刘先生是这家公司的负责人，也是团队最高领导人。在这个大团体里，每一名团队成员都有着明确的分工。譬如，销售经理负责公司销售业务拓展；商务经理负责总公司与分公司的协调工作，同时还负责和各级商户间的合作；客户经理负责完成客户服务方面的工作，而总裁刘先生主要负责了解客户的需求，以及协调团体内部并做出最终决策。因公司里各个团队分工协作，配合有序，公司上下形成了严谨、高效的工作作风。每个团队成员总是在每天下班前，集合到一起开一个当天工作讨论会，再把第二天的工作任务分配下去，让每一个团队成员都知道各个部门的工作情况。九州公司因良好的团队精神，效益大幅度增长，员工收入也越来越高。

在团队工作中，管理者要善于和每个团队成员进行有效的沟通交流，并保持密切合作。工作中团队荣誉感绝不可丢弃，不能因突出个人表现而打乱团队的工作秩序，这样才不会对个人职业生涯造成致命伤害，才可以保证团队精神不被破坏。

小李是一名优秀的营销工作人员，他所在的团队一直关系融洽，团结互助，因此个人业绩都很突出。但后来，小李破坏了这种融洽、和谐的合作氛围。当时公司接到了一个新的项目，小李的主管思考了很久也未拿出一个可行的工作方案。在个人表现欲的驱使下，小李没有与主管商量，便越过主管向总裁直接说明自己愿意承接这项任务，并提交了自己的可行性方案。

小李的行为让主管倍感伤心，他认为小李完全没有顾及团队精神，更没有顾及团队领导人的感受。最后，总裁虽然将此项目交给了小李所在的团队，但因小李之前的行为，主管和其他成员都对他很反感，在工作上分歧不断，最终，项目没有完成。

可见，对一个团队来说，拥有团队精神是十分重要的。只有团队成员从团队的角度出发考虑问题，才能获得团队以及个人双赢的完美结果。人心不齐，团队必然士气涣散，那么，团队必然无所成就，这是亘古不变的道理。

为了团队荣誉而战

在一起生活、觅食的群狼，它们互相照顾，彼此关心，使狼群得以生生不息。在这个大家庭中，头狼的作用可谓举足轻重，它肩负着领导整个狼群的使命，有着为家族热血奋战的荣誉感和责任感，所以，它不能松懈，必须强大，这就是使命的力量。

在现代企业团队里，很多人还没有意识到一个道理：真正的动力来自从内心深处油然而生的荣誉感！金钱的诱惑、物质的享受，并非驱使团队成员尽心竭力工作的唯一动力。关于这一点，下面这个例子便是最好的证明。

有人曾问某家原创动漫影视制作公司的几个业务骨干这样几个问题：是什么使你们愿意为公司竭尽心力？是什么可以让你们为了一个项目而日夜不休？答案出人意料，他们并没有提及年薪、奖金、股权，也没有提及职位、头衔等方面的原因。他们提到更多的是内心的满足，以及对事业的热爱，他们认为让更多的人为国产动漫而自豪，是他们共同奋斗的目标，他们因此而热血沸腾。

一位员工说："有一次我到北京出差，在高铁上坐好后，我发现我右侧的一个人正在看我们公司制作的一部动漫，我前面座位上的一个人也在看这部动漫。前座的人一边看还一边和身边的人讨论：'现在我们的国漫真的是厉害了，制作越来越精良，内容越来越精彩，再也不是只推崇日本动漫的时代了。'听到这句话，我真的是觉得我在工作中付出再多努力都是值得的。"

又有一位员工说："我的一个朋友从前是不看动漫的，自从我推荐了一部我们公司制作的动漫给他之后，他就一发不可收拾，已经深深爱上了动漫。他说他简直是打开了新世界的大门，他竟然不知道动漫也可以在内容上这么富有内涵，在制作上这么精良，简直就是一场场视觉盛宴。他现在还经常催促我们快点儿更新下一季呢！每次听到这些话，我真的是十分欣慰，这使我感到我所从事的工作是有意义的，而且意义重大！"

还有员工说："我和我的团队伙伴都为能参加某个项目而兴奋，至于职称、在公司的职位等，我们根本不在乎，我们只想将好的作品做出来，让更多的人满意，甚至让世界其他国家的人为我们的作品欢呼！"

还有人这样说："我认为人才对公司发展来说是最重要的，

值得欣慰的是，我们公司聚集了很多优秀的技术人才，大家可以相互学习，共同进步，这是最令人兴奋的!"

从这些人的话中我们可以看出，巨大的荣誉感是激励员工全身心投入工作的动力源泉。这种荣誉感是他们由心而发的，他们真心认同自己的工作，也真心为自己的工作自豪，由此，才对工作充满热情。当荣誉感大于一切的时候，他们甚至不计回报，也不在乎职位高低，而心甘情愿地投身其中。

作为一名团队成员，当你不再仅仅是为了赚钱而工作，而是为了荣誉而工作时，你的工作态度就会发生实质性的改变。

当我们真正为荣誉而工作时，我们就能在工作中体会到前所未有的快乐。在这个过程中，我们会尽情挥洒我们的智慧，会排除万难、克服困境，会变得坚韧而有力量。我们会为我们取得的成绩而欣喜，会为我们的付出而自豪，会更加热爱我们的工作。而且，一旦有了荣誉感，自然就会产生进取心，进取心将激励我们不断向上，翻山越岭，攀上高峰。

不登顶峰，何以"一览众山小"，人生应当有"会当凌绝顶"的雄心壮志，应当有为团队荣誉及个人荣誉而战的事业心，而不应做一个只为金钱而活的碌碌无为的人。

第五章

高效激励，平庸团队变无敌之师

- ◆ 物质激励，最直接有效的手段
- ◆ 股权激励，给人才一副"金手铐"
- ◆ 团队奖励，激发团队成员的激情
- ◆ 满足需求，更具人性化的激励法

物质激励，最直接有效的手段

物质激励是最普遍的一种激励手段，很多企业家和行为学家都推崇用物质激励来激发员工的积极性，帮助其提高工作效率，实现价值。

在物质激励中，金钱占有重要地位。虽然我们不仅仅是为了金钱而工作，但如果企业不给员工发工资，恐怕也没有人愿意为企业工作。无论是以薪金、奖金、福利的形式，还是以股权、分红等其他激励形式，金钱作为激励因素的重要组成部分都是不能轻视的。联想在这方面就做得很好。

第一部分是工资。柳传志在一次讲话中指出，联想工资的发放是以 CRG 的方式，即以公平、公正和公开的方式来制定工资标准。什么是 CRG 呢？就是在一个团队里面有很多部门，比如研发部、人事部、业务部、财务部，CRG 就是把各部门的人员应该处在哪一个等级划分清楚。这时，公司要考虑多种因素，例如，有两个员工处在不同的分公司，都是销售人员，或都是部门主管，那么在制定或调整工资时不仅要考虑员工自身的因素，还要把公司的规模、公司的业务领域考虑进去。

第二部分是奖金。奖金的多少一般考虑三个因素，即企业的效益、部门的效益和个人表现。

第三部分是福利。联想的各项福利都按社会标准来，而且取高不取低。例如社会保险，国家规定了三个档次，分别为高、中、低档，联想就按最高档给职工缴纳社保。

此外，柳传志还特别指出，在联想，骨干员工可以持有公司的股份而成为公司的股东，虽然不多，但也起到了激励作用。其实，联想最初创立时，员工是没有任何股份的，通过股份制改造，员工才开始持有公司股份。

让员工持股，可以极大地激励员工，使其愿意为公司的发展竭尽全力。一些从管理层退下来的联想老员工，虽然没有精力再胜任高位，但甘愿降为普通员工。他们之所以心甘情愿这样做，是因为他们手里有公司的股份，每年都能得到公司分红。公司发展得越好，他们的红利就越多。

可见，物质激励对企业发展何等重要，但物质激励也不能太盲目，需要具体情况具体分析。总体来看，有以下两方面需要注意。

1. 健全奖罚制度

目标的实现需要好的制度作为后盾，同样，物质激励也需要相应制度做后盾，只有制度完善，激励政策才能畅通无阻地执行。为此，企业应健全奖罚的规章制度，并在公司上下贯彻执行，不能只开空头支票，让员工空欢喜。

2. 物质激励要公正

心理学家调查发现，一个人对自己工资的满意度并不只看金额的多少，而是在跟社会同行业进行比较或跟过去几年的工资比较之后，得出结论。通过横向和纵向的比较来评判自己是否受到了平等对待，进而影响自己工作的心情与工作积极性。为了实现公正激励，公司对所有员工要"一碗水端平"，奖罚要一视同仁，不搞特殊化，不然会产生"副作用"。此外，不提倡吃"大锅饭"，即平均主义，平均分配奖励使激励制度如同虚设，久而久之不会产生任何激励效果。

股权激励，给人才一副"金手铐"

股权激励是一种留住核心人才的有效激励机制，能提高核心人才的积极性、忠诚度。为了实现激励，员工需要有主人翁意识，即员工不仅要持有股份，还需要时时了解企业的运营状况并有机会对公司的运营给出建议。这样员工对他们的工作也会更满意，并更充满斗志地为公司做贡献。

调查显示，国有的500强企业大多支持员工持有股份，很多上市企业也把员工持股计划提上日程。数据显示，员工持股企业的员工工作效率比非员工持股企业高了三分之一，利润高了50%，员工的工资也高了25%到60%。员工持股计划是一个有机整体，应根据不同的作用对象而有所变化，从而实现企业利益的最大化。员工持股计划不但是提高员工积极性，引进高端人才，使企业在同行业中立于不败之地的一把利器，也是一副"金手铐"，可以防止优秀人才的流失。另外，管理层应注重创新，采取先进的技术入股、利润分红等方法，激励员工发挥自己的潜能，实现个人与工作岗位的最佳匹配，让员工体会到"一分耕耘，一分收获"。只有分配关系清晰了，员工才能把注意力放在工作上，才能发挥自身潜力，为公司的发展竭尽全力。

薪酬体系中，工资和奖金是最基础的部分，同样也是激励员工努力工作最根本的方法。工资和奖金能带来短期的利益，使员工得到激励，但这种激励作用是短暂的。随着社会的发展，这种短期的利益并不会给员工带来满足感，所以制定长期激励方案势在必行。期权制激励方案就是一种长期激励方案，以员工享有分红权、股权的方法吸引更多人才，使企业的凝聚力得以增强。

股权激励对于缺乏资源的知识密集型企业的激励作用更大。不同企业在不同发展阶段，用于股权激励的份额也不同：新企业多，老企业少；品牌影响力小的企业多，品牌影响力大的少。

股权激励对企业管理层的作用明显高于基层员工，因为管理层更看重自己与企业的关系，看重自己对企业的自主权和决策权，而不再痴迷于金钱激励；如果是对基层员工，所给股份本来就不多，此时不如给予物质奖励。

团队奖励，激发团队成员的激情

孤军奋战的时代结束了，如今企业处于日新月异的时代，唯有抱团取暖才能走得更远。好的团队，成员们不仅亲密无间，而且优势互补，目标一致，共同奋进。

有些事看着容易，做起来很难。对普通企业来说，要从过去循规蹈矩的组织转变为主动、充满活力的团队，过程有如蚕破茧般痛苦。在这个转变的关键时刻，领导者要灵活运用团队运作基本技巧，才能笑到最后。无论哪一个环节出了问题，都有可能使团队进退两难，难以运作。

很多企业只注重个人奖励，而忽视团队奖励，常常让员工只顾个人业绩，而不注重团队合作。所以要让员工从个人转向团队，奖励制度也要有所改变，从而顺应企业发展。

某家业内知名的科技公司就非常重视团队奖励。每一年公司都会根据不同团队为公司创造的价值评选出一支金牌团队。在公司的表彰大会上，金牌团队的成员可以说是风光无限。公司的总经理会亲手为他们戴上一条丝绸材质的中国风刺绣绶带和一枚由黄金和和田玉制成的纪念胸针，这两样奖品都非常具有纪念价值。特别是这枚胸针是历届团队成员们最珍视的奖品，是公司请知名设计师设计的。金牌团队的成员们无论是参加公司活动还是出去谈业务都可以佩戴这枚胸针，它可以说是荣誉和身份的象征，公司的员工会为了拥有这枚胸针而不懈努力。公司还会让这些金牌团队的成员登上业内知名杂志。公司还设置了一面特别醒目的荣誉墙，金牌团队带着绶带和胸针的照片就挂在墙上，每个来公司谈业务的人都会看到。每逢重要节日的时候，公司还会为金牌团队的成员准备定制款高档礼物，成员们可以拿着印有"金牌团队成员专属"的燕窝、茶叶、护肤品等礼盒风风光光地回家看父母、妻儿等。年底的时候公司还会为金牌团队的成员买好机票、订好酒店，让他们到知名海滨圣地去轻松度假。

现在的一些企业还停留在单一的激励方法上，如只知道对业绩突出的成员进行奖励，这种狭隘的、不全面的激励方式，让激励成效甚微。对企业的长足发展来说，要逐步实现激励方案的系统化，目标、任务、绩效和反馈，任何一个环节都不能少。具体来看，制定团队奖励制度应注意以下几点。

（1）奖励制度应与自己的管理风格、公司文化相得益彰，一旦与其他制度出现冲突，也应首先考虑奖励制度。

（2）奖品、加薪、升职等奖励方式，更适合个人。团队奖励应达到让成员更加认同成为团队一员这个身份的目的。

（3）认真制定队员对整个团队的贡献的标准。如，以队员在团队中耗费的时间来衡量他们对团队所做的贡献，就不太合适。

（4）要及时对团队进行奖励，不要非等到年末，可在一个项目结束后就给予奖励。

满足需求，更具人性化的激励法

满足员工的需求分为三步：

第一步，了解需求；

第二步，激发需求；

第三步，满足需求。

一般来看，员工需求可分为外显需求和隐藏需求。对于员工的外显需求，管理者要善于发现并及时满足；对于员工的隐藏需求，管理者要用心感受，尽量满足。

何为外显需求和隐藏需求？下面我们用几种情形来说明。

第一种情形

流水线上的工人学历普遍不高，且大多缺乏一定生存技能，所以只要工资可观，即使是又脏又累的工作，他们也愿意做。对此类员工来说，工资和实物奖励是最重要的。如果物质激励不能令他们满足，精神激励也就无从谈起了。

第二种情形

员工在基本需求得到解决后，他们更希望有好的工作环境。他们希望得到领导的尊重、同事的关心和帮助。所以，此类员工在给予物质激励的同时也要给予精神激励。

第三种情形

有些员工现状还不错，但若是有好的机遇，事业能更上一层楼。对他们而言，目标、动力与能力才是此刻迫切需要的。

此类员工，不用担心衣食住行的问题，因为他们已经拥有了丰富的工作经验和生存技能。在这些员工中，有些满足于已有的成绩，不思进取；有些虽想有所提升，却缺少领路人。对于前者，需要给予目标和动力；对于后者，需要给予指点和方法。至于物质激励，于他们而言，已经不那么重要了。

第四种情形

企业中的管理者拥有令人羡慕的薪酬和福利，拥有高品质的物质生活，不用担心温饱。此时他们更热衷于实现自我价值，更需要站在巅峰的能力。

可见，了解员工需求，激发员工需求，满足员工需求，是企业发展的必然选择。想要了解员工的真正需求，就需要管理者打开倾听的耳朵。调查显示，大部分员工都对公司运营有着自己独到的见解，但是很少有管理者愿意认真听取员工的建议。

不得不说，听取员工的意见和建议对管理者统筹全局、制订工作计划和提高员工积极性都有着不可小觑的作用。首先，员工处在工作的第一线，视角不同，所以经常能发现管理者未曾发现的问题。其次，由于员工的想法得到了认同，从而增强了员工对公司的凝聚力，工作起来更有激情。最后，让员工参与公司管理，形成"为自己工作"的价值观，能促使员工心甘情愿为公司发展贡献力量。反之，如果对员工的想法置之不理，不仅浪费了集思广益的资源，也挫伤了员工的参与感，打击了员工的积极性。

由此可见，了解员工的真正需求，对激励员工来说是多么重要。否则就有可能公司的激励措施不少，但员工的工作积极性还是不高，甚至留不住人才。俗话说："磨刀不误砍柴工"，先好好去了解一下不同级别的员工的真正需求，再来制定具有针对性的激励措施，是每一位管理者都应该学会的。

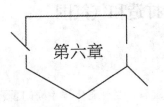

第六章

化解冲突，增强团队凝聚力

- ◆ 巧化矛盾，打造和气氛围
- ◆ 防止内耗，制止窝里斗
- ◆ 解决矛盾要把握火候
- ◆ 激发团队内部"良性冲突"

巧化矛盾，打造和气氛围

作为一个管理者，必须有化解矛盾的智慧。只有团队氛围和谐，成员才能同心协力建设团队。所以管理者必须将团队矛盾扼杀在摇篮里，而绝不能让团队矛盾越演越烈，甚至发展到不可收拾的地步。

在中国冰箱的制造商中，新飞公司绝对占有一席之地，该公司的总裁李炳银，也遇到过团队成员出现矛盾的情况，下面我们就来看看他是如何巧妙化解的。

一天，工厂里一位经验丰富的生产组组长和一位入职不久的技师发生了冲突。组长虽然只有高中毕业，但是入行已有十几年，且在公司威望很高；年轻技师是一位毕业不久的专科生，理论基础扎实，具有良好的发展前景。其实，两人都是为了把工作做好，只是认知上产生了一些分歧：组长认为自己在工厂里干了十几年，对厂里的机械了如指掌，甚至小到一颗螺丝钉的位置都很清楚，而年轻技师才来几天，仅有书本上学到的理论知识，缺乏实践，应该听自己的；年轻技师则认为生产组组长的思想陈旧，没有自己更了解机械结构的原理，若是还按照老方法进行产品改造，就太不合时宜了。

李炳银想来想去，感觉左右为难：倘若自己得罪了组长，一定会引起全厂老工人的不满，说不定还导致罢工，给生产带来影响；倘若批评技师，又会被人数落自己不重视新技术，而且不重用专业人才，企业不可能有长远的发展。那么，这该如何是好呢？最终，李炳银想出了一个好办法：根据两人的能力划分权责，组长负责生产工作，然后新设立一个开发部，由年轻技师负责，再挑选一些年轻好学的技工，让他们一起研究产品的改造工作。如此一来，两人互不干涉，也就不会产生矛盾了。过了一段时间，李炳银发现，由于他们的能力在各自的空间得到充分的拓展，两人工作更加卖力了。

后来，李炳银从管理工作中总结出以下几点经验：位居高位者，要尽量缩短自己与下属的距离，让下属能够接近自己，然后与之交谈，从中了解工作的进展或者是否遇到了麻烦，并努力地发现其中的一些细小变化，因为这些蛛丝马迹中或许就隐藏着矛盾冲突。通常，人们看似为了一些小事而产生矛盾，但这些小矛盾也不容小觑；倘若遇到的是个人之间的冲突，一定要单独听听双方的陈词，切勿急于表态，肯定或否定任何一方。因为下属在和你述说自己的感受时能消除他的怒气，等到他们冷静之后再做决定，这样能使他们更好地相处，从而实现公司的目标；倘若下属经常发生冲突和争吵，那么首要任务就是要弄清楚争吵的性质：友好的争吵，开玩笑的嘲讽，闲聊时的解闷逗趣，还是暗中带刺互相中伤。只要有必要，管理者都要去加以调解。有时候，李炳银还会让下属互换角色，让双方站在对方的立场想一想，如此一来，矛盾自然就解决了。

作为领导者，矛盾处理得当，有利于增强下属的向心力；反之，会引起下属的不满和怨恨，认为领导者有失偏颇，长此以往，会造成下属工作情绪低落，甚至产生抵触行为，对领导的指令阳奉阴违。因此，领导者要认识到这一点：当下属之间产生矛盾时，处理时必须采用正确的态度和方法，并运用多种方法来正确地表达出自己的意见，从而使下属都能得到满意的结果。

防止内耗，制止窝里斗

工作中，经常会看到一些团队里有些员工互不服气，更别提进行合作了。俗话说"一个人是一条龙，三个人是一条虫"，这都是内耗造成的问题。作为一位明智的领导，必须学会防止内耗，将破坏力转化成推动力。那么，如何制止窝里斗的现象发生呢？最好的方法就是让大家同心协力，患难与共。

汉高祖刘邦能够从一介布衣成为九五之尊，就是因为他善于驭人之道，懂得知人善任，能充分发挥部下的能力。

刘邦的帐下有三位贤才良将，被世人称为汉初三杰，他们分别是张良、韩信、萧何。刘邦依照三人的个性进行管理，使他们协调一致，各尽所能，有效地制止了内耗的发生，从而保证了自己的江山稳固。

司马迁在《史记·高祖本纪》中记载了刘邦曾对部下说的一段话：运筹帷幄之中，决胜于千里之外，我不如子房（张良）；镇守国家，安抚百姓，供给军粮，我不如萧何；掌兵百万，战必胜，攻必取，我不如韩信。这三个人都是人中俊杰，我能任用他们，这是我所以取得天下的原因。

除了前面说的三杰，刘邦的帐下还有许多人才，可谓猛将如云，谋臣如雨。可是，人才多了，且个个出色，也就容易产生诸多问题。于是，协调臣将之间的关系，使其互不排挤，还能共谋其事，成了刘邦面临的紧要任务。

刘邦使用的妙计之一就是论功行赏。一统天下后，刘邦开始评功封位。由于群臣争功，相互不服气，结果一年多也没有评下来。刘邦认为萧何的功劳最大，应当给予最多的封地。众臣对此不服，认为自己披坚执锐，驰骋疆场，为了汉朝的建立九死一生，每人都有或大或小的战绩，而萧何只是写写文字，发发议论，就要位居众人之上，实在不妥。

刘邦见此，便举了一个例子来回答众臣："以打猎来说，追赶野兔等走兽的是猎狗，但是指挥驾驭猎狗的是猎人。现在各位的功劳如同猎狗，萧何则如同猎人。而且诸位追随我，最多的也不过族中二三人，可萧何不一样，他动员了家族中几十人来追随我，实在是功不可没。"众人听后无不心悦诚服。

任何一个组织，一旦出现内耗，不仅效率会下降，成员之间的合作会出现裂痕，容易出现解体的危机。

在管理学中，有一个重要的课题，就是减少系统内部的损耗。那么，怎样防止内耗呢？

为了防止下属之间产生窝里斗的现象，领导必须设立一个有利于大家的目标，让大家能放弃内斗，同心协力，共创辉煌。首先，领导要为组织中的成员划定一条公平的起跑线，要让大家在起点就能感受到平等，这样有利于员工体会到公平竞争的思想，也具备了认同公平竞争的基础。

其次，一个有利于竞争的工作环境也是十分必要的。在竞争面前，必须人人平等，不能搞特殊化，要创造出一个让优秀人才脱颖而出的企业内部环境。对那些具有开拓精神的、在改革中具有实际作为的人要加以保护、培养、相信和尊敬。而对于那些喜欢背后恶意中伤他人、专好窝里斗的人，不仅不能提拔重用，还要严加惩处，杜绝这些人以溜须拍马、整人骗人、玩弄权术的本领高升，这样才能让真正办实事的人感到开心，让窝里斗的人死心。这样的管理导向有利于组织形成一个公平竞争的环境，使窝里斗收敛起来。

俗话说："一粒老鼠屎坏了一锅粥。"千万别小瞧那些爱搬弄是非的"人物"所形成的坏影响，他们像掉进粥里的那粒老鼠屎，倘若不及时处理，会迅速传染，最终带坏整个团队。

　　或许你会感到诧异，一个人为什么会有这么强的破坏能力呢？其实，总的来说就一句话：破坏比建设容易。因此，管理者应当注意寻找组织内部的"老鼠屎"，及早清除，以绝后患，以更好地维护有利于竞争的工作环境。

解决矛盾要把握火候

同样的食材和调味料，在不同的人手中，烹饪出的食物口味是不同的，或色香味俱全，或平淡乏味。那么，这其中有什么诀窍吗？经验丰富的厨师告诉你，这是因为火候的不当。火候掌握得恰到好处，食物才会色香味俱全。在工作中，领导工作就如同炒菜，也要懂得掌握火候，把握分寸。

所谓火候，指的是适度。火候恰到好处在于把握时间的准确。工作中，对待矛盾一般会有两种处理方法：一是"冷处理"，是指有时要引而不发，视而不见，故意冷淡，然后再进行处理；二是"热处理"，指触机而发，及时补救。

某公司有一位青年员工小张，他因为业务主管总是派活不均而对其产生了极大的意见，于是某天与业务主管吵了起来，吵得不可开交。这时有人通知了部门经理李远，李经理听说后赶紧赶到现场，但是他到场后并没有动怒，也没有批评任何一方，而是拍了拍小张的肩膀，把他带到了休息室，让他消消气。同一天里，该部门的一名组长因为个人福利的事情顶撞人事部主管，也被李经理碰到了，可是这次李经理毫不留情地当众批评了他，并责令他做出检讨。旁人见到李经理的两种不同的处理方式疑惑不解，于是问道："同样都是吵架，为什么您的态度不一样呢？"

这位经验丰富的经理说了自己的想法："两次争吵，我分别采取了'冷处理'和'热处理'。原因有二，一是个人特点、环境场合不同。小张脾气直率，而且本身感觉受了委屈，情绪也因为受到刺激而处于极度激愤的状态，如果不问清楚事情的前因后果就对他一味指责，无异于火上浇油，不仅不能解决问题，还可能会激化矛盾，所以最好是等到他平心静气之后，再进行一对一交谈。那位组长不仅阅历丰富，而且公司待他不薄，却为了个人私事大吵大闹，倘若不立即制止，必会带来严重的影响。所以，我对他们采取了不同的处理方法。二是吵架原因不同。小张的不满是事出有因，而且主要原因在于业务主管，因此不能简单地进行指责；而那个组长顶撞人事部主管是因为个人福利，属于无理取闹，应当严肃批评。"

从上面这个故事中我们可以看出，"冷"与"热"是相对的，要因事、因人、因时而定，而这也是领导们在实践中需要摸索并掌握的一门重要学问。

下面介绍一些处理冲突和矛盾的技巧供参考。

1. 暗中解决矛盾

生活中，人们都有爱面子的心理，因此要尽量暗中解决矛盾，给产生矛盾的双方保留情面。若解决矛盾不会造成矛盾双方颜面损失，且具有普遍教育意义，则可以公开处理，这能起到警醒和教育的意义。

2. 不同矛盾，差别对待

对待不同的矛盾，领导者要学会灵活应对，不能用简单的方法解决每一种矛盾。有些矛盾要在事情发生的过程中控制并解决，有些矛盾可以等到它由量变到质变后再解决，而有些矛盾则要防患于未然。

3. 隐藏矛盾，息事宁人

并不是所有矛盾都需要搬到台面上来解决，有时候不解决反而比解决好。有时候员工发生冲突是一时冲动，当时虽然火冒三丈，但也是对事不对人，双方之间并没有解不开的结。事后双方可能都认识到了自己的错误，也不会去记对方的仇。像这种矛盾，管理者完全可以不解决，时间自会治愈一切。

4. 严惩恶意制造矛盾者

工作中，若是出现那些恶意传闲话、故意制造事端或者与外部勾结而找内部员工麻烦的人，一定要果断处理，坚决辞退。

激发团队内部"良性冲突"

冲突，是指个体或群体发现他人已经或将要做出与自身利益不符的行动的过程。一旦人们感知到差异的存在，冲突也就随之而来。

某公司有这样一位女员工，她的个人业绩一直稳居第一，可她认为工作不能一成不变，而要推陈出新，于是她主动找到主管，提出了自己的建议，可是她的建议并没有受到主管重视，主管反而觉得她多管闲事。

一天，她私自改变了工作流程，结果被主管发现了，主管生气地批评了她，可是她不但不改，反而认为主管有私心，于是和主管发生了争执，还退出了工作团队。主管见此，将这件事反映到了部门经理那里。

部门经理对这位业务精英十分了解，于是将她叫到办公室谈话，但并没有一上来就批评她，而是先听她说完了事情的经过。部门经理发现这位员工的确非常有思路，她违反的那项工作流程也的确需要改进，而且这位员工还指出了很多现行管理制度中不完善之处。

部门经理以朋友式的平等态度与之交流，真诚地倾听了她的意见，让她感受到了重视和尊重，于是她也开始平息自己的对抗情绪，冷静地反思了自己的行为，一开始她自认为都是主管的问题，后来也认识到了自己的问题。于是在部门经理策略性地引导之下，她主动承认了错误，并表示愿意接受相应处罚。

作为一个团队的管理者，能够有意识地把团队内部的冲突转变为良性冲突，一方面有利于团队成员之间的和谐与合作，另一方面也有利于团队的建设和发展。

调查显示，在我国，尤其是国有企业，中层和高层管理人员平均会占用超过 20% 的时间来处理冲突。在大多数的成功企业家看来，一个管理者所具备的素质与技能中，冲突管理要排在决策、领导和沟通技能之前。

在我们的潜意识里，通常认为冲突具有危险性，所以不愿意直面它。然而，不管你的团队内部管理多么出色，员工多么团结，都无法避免冲突的存在。在今天这样一个讲求团结一致、协调发展的社会，很多传统企业管理者都认为冲突是不利的，应当尽量避免。实际上，只要你处理得当，冲突其实并不可怕，甚至能为企业带来许多改革，清除团队里的顽疾，帮助你建立高效的团队，增强员工的凝聚力。因此，团队管理者对待冲突要保持正确的态度，对其加以识别和分析，从而进行解决。

按照冲突的性质，通常可以把冲突分为两种：破坏性冲突和良性冲突。两者的主要区别在于：破坏性冲突的表现为不愿意听取对方的观点和意见，双方争论经常会转变成人身攻击，结果是破坏性的；良性冲突则不然，它的表现是经常关心企业共同目标的实现，乐于了解对方的观点，冲突的双方在冲突的过程中相互沟通，结果是建设性的。

在一个团队中，提升绩效不可或缺的一个因素就是良性的团队冲突。一个从不发生冲突的团队，是缺乏创造性和生命力的团队，肯定不是一支高绩效的团队。团队发生冲突的过程中，坦率、热烈的沟通以及不同观点的碰撞，能够帮助大家拓展思路，避免群体思维，进而通过权衡不同的意见，提高决策的质量。同时，团队成员在此过程中能够充分交换信息，清晰地认识到任务目标和实现路径。

聪明的管理者要鼓励良性冲突，懂得抑制破坏性冲突。良性冲突有利于团队发展，那么应该如何建立呢？应建立有利于提升良性冲突的团队文化，要求管理者对下属传递以下信息：良性冲突是合理的；奖励那些敢于向现状挑战、倡议新观念的员工；当冲突过程中出现少数意见和观点时，管理者切勿轻易地进行批评、指责、嘲笑、讽刺和挖苦，而是要冷静地进行分析，从中挖掘出有利于团队建设的观点。只有善于运用良性冲突，让不同的观点进行碰撞，产生出新的思想火花，才有利于执行过程中的创新。

当然，在现实生活中，破坏性冲突和良性冲突也并没有绝对的区别，良性冲突和破环性冲突往往也只有一线之隔，或交叉，或相互转化。那么，怎样恰当地控制冲突，防止其演变为破坏性冲突，这就需要较高的管理技巧。

首先，作为一个团队的管理者，要能够清晰地分辨出发生的冲突是良性冲突还是恶性冲突。主要的分辨方法在于看它对目标实现、团队建设的影响是不是有利的。

其次，作为一个团队的管理者，在激发团队良性冲突的同时，也要能控制住良性冲突的发展。一定要时刻关注冲突的变化情况，规范和控制自己以及团队成员的行为，避免良性冲突转化为破坏性冲突。良性冲突向破坏性冲突转变的原因往往就是冲突双方的语言或态度，语言或态度对缓和矛盾或激化矛盾有着重要作用。控制冲突双方语言或态度的原则主要有几下几点。

1. 就事论事

对于充分发表个人意见的员工予以鼓励，但是所要表达的意见要针对当前的事情，不能翻旧账，紧紧围绕如何解决问题展开。

2. 因人而异

沟通过程中要从冲突双方的年龄、性别、学识、修养及个性等方面进行考虑，根据员工不同的特点采取不同的语言和态度，这样才能充分进行沟通，并最终达成共识。

3. 心平气和

无论是因为什么而引发冲突，都要保持互相尊重、心平气和的沟通态度，这样才能有效地解决问题，切勿高声喊叫，或使用得理不饶人、胡搅蛮缠的语气或态度。

最后，避免破坏性冲突的出现。当团队中已经出现破坏性冲突时，团队管理者一定要及时采取有效措施进行化解，要在冲突对团队造成更坏的影响之前，将其制止或转变成良性冲突。常用的方法主要有以下几种。

1. 召集双方讨论

当团队中出现破坏性冲突时，千万不能掩盖，要将它放在桌面来解决。团队管理者要将发生冲突的双方召集起来，让他们充分地表达自己的意见，然后从中找出分歧点及产生分歧的原因，推进问题的解决，并最终选择一个能满足双方的解决方案。通过充分沟通和协调，冲突最终是能够得到解决的。

2. 强调损失

发生冲突的原因大多数是因为冲突的双方都过于维护自己的利益，过分强调实现自己的目标。这时，管理者需要强调团队的协作精神，成员之间要相互依赖，而双方的对峙不能更快地解决问题，最终只会给双方都造成损失，甚至影响团队的发展。

3. 制造沟通氛围

冲突的过程中，因为冲突双方语言或态度的变化出现情绪化的争执在所难免，但是这会加剧冲突的破坏性。因此，发生冲突时，团队的管理者需要对团队成员的语言方式、态度和行为进行管控，营造良好的沟通氛围，以帮助矛盾双方敞开心扉，化干戈为玉帛。

第七章

执行第一，没有执行力的团队等于零

- ◆ 管理成败，在于管理者的执行力
- ◆ 执行力就等于竞争力
- ◆ 执行不到位等于零
- ◆ 执行，不找任何借口

管理成败，在于管理者的执行力

一个团队的发展离不开完善的管理体系与良好的经营策略，同样也离不开管理者的执行力，团队的发展与员工的进步都是以管理者的执行力为基石的。倘若能够充分发挥管理者的作用，就能在管理层与基层之间修一条平坦的大道，使团队运行更加顺畅；但倘若无法积极地发挥管理者的作用，管理层与基层之间就会竖起高墙，工作也必然无法顺畅开展。

几年前，A 公司还是 A 集团旗下最具实力的子公司，但近年来，这家实力强劲的公司遭受了同行的排挤，业务量越来越少，A 公司在集团内的地位也直线下降。

为了重新占有市场，A 集团的领导团队决定聘请有着光辉"战绩"的梁先生出任公司的首席运营官，希望梁先生能够带领团队走出困境。走马上任的梁先生大刀阔斧地进行了改革，比如，停止招聘新员工，降低用人成本；叫停原有的扩张计划，并出售部分冗余资产，缓解流动资金的压力；大幅度减少生产开支，缩减日常管理费用；等等。

虽然这些改革举措听起来切实可行，也确实起到了一定的作用，但没有让公司真正走出困境。总结来看，其根本问题就是管理者缺乏执行力。

很多团队在遇到困境时都会采取 A 公司那样的应对措施：寻找一个看似经验十足、能力卓越的管理者，借用其之前成功过或是理论上有效的理念和战略来重整团队，希望借此带领团队突破难关。但是，结果往往并不如人们期待的那样乐观，因为缺少了重要一环——执行力。

确实如此，如果管理者只是站在一旁指挥，员工们自然无法看到管理者的执行力，更不可能信服管理者，这种状态下制定的规章制度也不可能有太大的震慑力。

执行始终贯穿于组织经营管理，它是战略中不可或缺的组成部分。一个管理者能否取得成功，只有 5% 在于战略，剩下的 95% 都在于执行，因此我们甚至可以说，成败的关键在于执行，执行力也成了管理者必备的品质。身为一名管理者，培养自己的执行力，不仅能更好地了解自己的办事能力，更重要的是能够让员工了解你、信服你，从而对员工产生积极的影响。

从个人方面来说，执行力就相当于办事能力。身为管理者要身先士卒、承担责任，而不是只享受成果，这样才能服众。比如，团队内的规章制度，自己首先要一丝不苟地执行，让员工看到你的执行力，这样他们才愿意按照规章制度行事。

事实上，判断一名管理者优秀与否，关键不在于他所说的，而在于他所做的。就算他口若悬河，说得天花乱坠，但从未真正落实，那么也是毫无意义的。真正善于激励员工的管理者必然不会夸夸其谈，而是会以自己的实际行动做出表率。

某位事业有成的管理者在领导团队时一直坚持"正人先正己"，在他看来，"其身正，不令而行；其身不正，虽令不从，"所以他坚持以自身的执行力为团队成员做好榜样。

这位管理者领导的是一个较大的团队，人员很多，管理起来有很多细节问题，开会时员工迟到就是其中之一。为了解决这个问题，管理者决定给迟到者一定的处罚：无论是谁、出于什么原因，只要迟到，就罚站十分钟。

没想到，规定出台后，第一个迟到的人就是这位管理者的一位老领导，场面一度十分尴尬。倘若真的让老领导罚站，老领导面子上过不去不说，体力上也支撑不住，但是规定就是规定，不能被打破。于是，这位管理者小声地对老领导说："您支持支持我工作，我先扶您在这儿站十分钟，今天回去之后我到您家里给您站一小时。"

除此之外，这位管理者本人也被罚站过。有一天电梯出了故障，他被困在了电梯里，开会迟到了，但他并没有为自己解释，自觉站了十分钟。自此以后，团队成员再也没有出现过开会迟到的现象。

　　要求他人执行的，管理者自己必须先做到；禁止他人做的，管理者自己一定不去做。上述案例中的管理者就是通过自身的行为打造了自己的领导力。他严格遵守既定的规章制度，为团队成员树立了榜样。试想一下，当领导能够以身作则严格按照规定做事时，其他人怎么会违背呢？至少在领导视线范围内一定会严格遵守。真正的执行力就是这样产生的！

　　作为一名管理者，自身的执行力对下属的执行力有很大影响，倘若管理者能够牢记自己的职责，将执行力带到工作细节中去，就能潜移默化地影响、感染其他人，点燃他人的工作热情。执行力的作用是不容小觑的，它是激励员工最有效的方式之一。

执行力就等于竞争力

在团队管理中，执行是重中之重。作为管理者，必须严抓执行，用迅如雷霆的执行力打造无可比拟的竞争力，让团队在激烈的竞争中稳操胜券，无往不胜。

对团队而言，有规章而不执行，决定的策略不去实施，那么这些本可能对团队有益的规章和策略就变得毫无价值。要知道：执行力就等于竞争力，没有执行力，就等于没有竞争力。

想要提升执行力，首先就要戒掉拖延的坏习惯，培养即刻执行的良好习惯。

拖延，是团队欠缺执行力的重要原因。当团队的管理者做出了正确的决策，但团队成员一直拖延着不去实施，就很可能白白错过了最佳时机。例如，某团队规定每个月月底都需要提交工作进度表来进行绩效考核，但由于该团队的工资发放日为次月月中，所以团队的很多成员都习惯性地拖延到下个月月初才提交工作进度表，这就导致领导无法准确判断每个成员的工作进展，同时使个人工作滞后于团队整体进度，团队的发展因此受到了影响。

可见，将工作落实到位，执行任务决不拖延，是团队成员都必须具备的职业素质。

在很多人眼中，张女士是一位非常成功的商界人士，从白手起家做到公司上市，张女士带领团队创造了一个又一个奇迹。

有人专门研究了张女士成功的原因，发现她身上具备许多卓越的品质，而其中十分重要的一点便是决不拖延，这既是她的人生信条，也是她所领导的团队秉持的理念。张女士的公司能够成功上市，离不开管理者的优秀决策，也离不开一支有着极强执行力的队伍。

对于这一点，团队中的一位成员是这样解释的：有些人会用拖延的方式来逃避现实，这是一种自欺欺人的表现。事实上，不管我们怎样拖延，工作都不可能自动完成，终归还是需要自己去做，根本不可能通过拖延来解决现实中的问题。要知道，拖延可能会耽误工作，耽误了工作，业绩就极有可能下滑，进而导致考核不合格，这样下来，最后可能登上裁员的名单。社会是十分现实的，因为我们的拖延而造成的损失只能由我们自己买单。

要知道，真正有效的执行是"今日事今日毕"，决不拖延！

倘若你做事总是习惯性拖延，不妨按照下面的四个步骤进行自我分析。

第一步，将某件被拖延的事情记录下来。既然你总是习惯性拖延，那你肯定拖延了不止一件事情，那么首先要做的就是将你认为最重要、最不应该拖延的那件事情记录下来。

第二步，反问自己，倘若一直拖延此事，会造成怎样的后果，会对你产生怎样的影响。

第三步，继续反问自己，倘若你不再拖延，立刻行动，这件事会是怎样的结果，会对你产生怎样的影响。第二步和第三步的思考，会给你提供行动的动力。

第四步，立即行动！

步骤虽然简单，但它确实能起到很好的效果。要知道，绝大部分人在拖延时都只享受了拖延带来的短暂轻松，根本没有思考过拖延究竟会造成多么严重的后果，而等到不好的结果真的来到自己面前时，再后悔也于事无补了。

因此，不拖延，立即采取行动，是非常重要的事，不要将今天的事情留给明天。

那么，该如何提高团队执行力呢？其实，想要提升团队的执行力并不难，只要坚持"做对、做实、做细、做全"的原则，端正工作态度，就能实现。

1. 做对

找准目标、对症下药是提升执行力的基础。倘若没有明确的目标，就容易偏离轨道，无法正确执行，通常也得不到预期的结果。因此，在所有工作开始前先找准目标，做到有的放矢，才能一步到位，执行力也就有所提升。

2. 做实

在进行某项工作时，并不是所有的步骤都是必需的，比如某人需要做一个 PPT 来展示自己负责的项目，在制作时，他想放一张图片素材来美化一下，于是请教了朋友如何用 PS 抠图、编辑，艰难地完成了，但他其实完全可以直接从网络上找到类似的素材，省下时间放在完善内容上。砍掉无用的环节，将每份力都用在刀刃上，就能切实提升执行力。

3. 做细

细节是体现执行力是否到位的重要环节，因此必须注重细节，尽力完善细节，工作的整体质量必然会因细节的完善而得到提升。

4. 做全

全面、周密的工作作风能够促使我们将工作执行到位，只有将工作做周全才能有效避免出现各种问题，影响执行质量。

执行不到位等于零

在数学中，100-1=99 是正确的，但在团队管理中，倘若执行不到位，那么无论制定的规章制度多么完善、决策多么明智、产品和技术多么出众都是无用功，100-1 的结果只能归于 0。

执行到位是团队执行力的关键，而执行到位则意味着将工作执行到 100%，否则只是白白浪费了各种资源。试想一下，倘若一项工作的每个参与者都只执行到 90%，那么这项工作最终能完成多少呢？因此，哪怕只是一个小小的环节执行不到位，也可能给团队造成严重的后果。真正优秀的员工不会将"我已经做得很好了"挂在嘴边，而是会用高标准来要求自己，丝毫不打折扣地完成任务。

能够执行到位的人，会将工作做到极致；而执行不到位的人，则变成了"差不多先生"，总是只能做到"差不多"。其实成功与失败之间的分界线就在于"差不多"，成功者不会"差不多"，失败者永远"差不多"，因此我们应当尽力将每项工作做到100%。

　　某公司接到了一项重要任务，并打算让公司里面的两个团队合作完成，于是管理者让这两个团队准备好资料递交给总负责人审核。

　　第一个团队的负责人让小组长准备好资料在下班前快递出去，并通过邮箱发给总负责人一份，随后将总负责人的邮箱、地址、电话等信息给了小组长。小组长准备好资料后，突然有个紧急事件需要他去处理，于是将资料交给了骨干李连，让其负责后续工作。但李连年纪较大，不太熟悉电脑操作，所以将任务转交给了新入职的朱凌，而且事情交到朱凌手中之后，没有任何人来过问后续事项。朱凌是个有些粗心的人，在发送邮件时，他不小心将总负责人的邮箱填错了，造成总负责人没有收到邮件；在寄快递时，他又把接收人的电话写错了，造成总负责人没能及时收到快递。朱凌并未与总负责人核实是否收到邮件和快递，其他人也再没过问此事。总负责人迟迟没有接到第一个团队的资料，心生不快，决定不再让这个团队参与项目。

　　第二个团队的负责人接到通知后，同样也是让小组长负责处理此事，并要求小组长若不能亲自处理也要时时追问。小组长确实因为其他事情而顾不上此事，便将其交给了骨干成员李朗，并叮嘱其尽快处理。李朗很快便整理好了资料，通过邮箱和快递发送给总负责人。为了确保资料能够准确传递，李朗将文件发出后又特意与对方确认是否收到。总负责人见此团队做事认真、到位，便将整个任务都交给了第二个团队。

俄国作家列夫·托尔斯泰有过这样一句名言："如果你做某事，那就把它做好。如果你不会或者不愿做它，那最好不要去做。"接受一项任务，就应当下定决心将它做好，做到位，能完成 100%，就绝不只做 99%，这样才能离成功更进一步。

一位工程师亲身经历了这样一件事：

"某次我们团队要与另外一个团队合作，我和对方团队的一位工程师要一起考察地形，拍摄合作项目的全景。当时我们本来可以在旁边的一栋高楼上拍，但他打算到山上拍，我不好意思让他自己去，就一同前往了，为此我们徒步两千米到达了山顶，拍摄的效果也确实很好，连周围的景观都拍得十分细致。

"当时我问对方：'你为什么要费这么大劲？只是拍个全景而已，稍微粗糙点儿也没关系吧？'他的回答是：'回去之后，我需要向我的同事交接工作，如果我了解得不清楚，又怎么能向他表述清楚呢？只有我的工作做到位了，后续的工作才能顺利进行。'"

在这位工程师看来：无论什么事，哪怕只有 1% 没有做到也是不合格。

100% 执行也意味着结果决定一切。无论你在工作中多么努力、付出了多少，只要任务最终没有完成，其实就相当于没有执行。所以你必须清楚，向他人诉说自己的付出与辛苦对完成任务没有丝毫帮助，认真反思、寻找解决问题的最佳途径才是完成任务的良药。以结果来判断执行力，是衡量一个人执行力强弱最直观的方法。

以结果判断员工成绩的公司有很多，百事公司就是其中之一。百事公司盛行"执行力"文化，公司希望员工能"主动执行"分配的任务，并将其完美完成。公司通常会给那些业绩优秀的员工高额奖励，并淘汰掉那些业绩不佳的员工。这种以"结果论成败"的企业文化打造出了一支拥有强劲竞争力与战斗力的团队，使公司在激烈的市场竞争中逐渐站稳脚跟，最终成为中国市场内唯一一家能够与可口可乐竞争的强大企业。

那么，如何能做到 100% 执行呢？下面是一些具体建议：

1. 严于律己

倘若你不求上进，只想在团队里混日子，那么 100% 执行对你来说几乎是不可能做到的事；倘若你力争上游，就会想办法将事情做到最好，对自己的要求也会更加严格。所以，严格要求自己能够促使你 100% 执行。

2. 重视任务

有些人总是以为这些任务、工作都不重要，所以产生了懈怠，当然无法做到 100% 执行，其实事情无论大小，都可能影响最终的结果，都需要予以重视。

3. 全力以赴

对很多员工来说，个人业务能力并不逊色，但就是无法做到 100% 执行，这是为什么呢？究其原因，就是没有全力以赴。拼尽全力，一定能做到更好。

执行，不找任何借口

执行，不找任何借口。每一个员工都应该以此为座右铭。如果每个员工都能从内心服从领导指挥，都能不找借口地去执行，那么整个团队就会充满活力，呈现出前所未有的拼搏精神。

生活中，我们在很多事情上都倾向于为自己找借口，比如做错了事、工作出现了失误、考砸了。我们之所以爱找借口，实际上是为了掩饰我们的无能。有这样两个孩子，他们是同班同学，也是门对门的邻居，从小一起长大，经常被别人拿来比较。张凯的学习态度不是很认真，上课经常走神，作业也完成得马马虎虎，所以成绩一塌糊涂。而李德则不同，他认真完成作业，上课专心听讲，所以成绩一直名列前茅。每次出成绩时，张凯都是一副不服气的样子，朋友问他成绩为什么不好，他总是找出马虎、题偏等各种各样的理由，去逃避自己真正的问题。

这次期中成绩出来了，李德的成绩又远远超过了张凯，张凯再次找了一个借口，但这次朋友并没有安慰他，而是直接说明了原因："别再找借口了。你的成绩不好，只是因为你不用功。"

找借口是逃脱责任、推脱过错最简单的办法，想要找到借口并不难。无论何种情况，借口都无助于成功，反而会阻挡前进的步伐。无论是学习还是工作，我们需要的都不是借口，而是没有任何借口地执行。正如海信集团的一位管理者所说："对企业而言，丧失了执行力是致命的。"海信集团之所以能有今天的成就，其中一个关键因素就是拥有一支强大执行力的团队。

这种强化执行力的企业文化给海信集团注入了活力，每一位成员都在想方设法完成自己的任务，而不是为没有完成任务千方百计寻找借口，哪怕是看似合理的借口。在想方设法完成任务的背后，体现的是敬业精神，展现的是公司整体的执行力。

以下面这个企业为例：

某企业破产后被收购，但收购该企业的企业并没有进行重大调整，只是将财务、管理、技术等几个要害部门的高级管理人员换成了自己人，并强调员工必须将原有的制度不打折扣地执行下去。结果令人大吃一惊，仅仅一年时间，该企业便实现了盈利。

由此可以看出，优秀的战略决策并不能保证企业在激烈的竞争中胜出，占据绝对优势，执行力才是为企业创造实际价值的根本。失去执行力，就失去了企业长久生存和发展的保障。

海信集团的管理者认为，企业的所有问题，其实都是人的问题，而只有文化才能改变人的意识，进而改变人的行为。战略的模式可以被复制，文化却不能轻易被模仿。多数企业的失败，是由于没有建立起一种执行文化，使执行成为无本之木，无源之水。而海信集团自成立那一刻起，就将执行文化刻入企业的"基因"当中，使海信的"执行"深深根植于这片土壤。

总之，管理者要善于将执行力与企业的理念、抱负、责任等同起来，将其与战略、核心竞争力紧密联系在一起，使员工全力以赴地奋斗，不找任何借口，也不心怀抱怨，坚定不移地执行公司战略，与公司共进退。

那么，该如何做才能让员工在工作中不找借口呢？下面有几点建议。

1. 改进处罚制度

很多公司都会制定一些处罚制度，而这些处罚制度往往令员工感到害怕，从而使他们在工作中喜欢隐瞒自己所犯的错误。针对这个问题，公司管理者需要根据员工所犯的具体错误区别对待，明确哪些错误不需要处罚，哪些错误应该处罚，而不是一概而论。比如，当员工犯了一些无意识差错或因能力不足引起的差错时，管理者完全不必加以处罚，可以积极引导员工找出问题所在，并教给他一些防范措施。这样员工就不会因为犯错而为自己找借口了。

2. 营造企业文化

在很多企业中，员工尤其是一线员工是利益价值的主要创造者，所以，管理者要为员工创造良好的工作环境，同时鼓励员工不断挑战更高的目标，还要包容员工在此过程中可能出现的错误，并愿意为此承担责任。这样，企业就有可能形成一种包容、进取的企业文化氛围。在这样的工作氛围中，员工也不会因为犯错而找借口了。

第八章

激活新生代，让团队更加鲜活有力

不懂新生代，如何带好年轻团队

在很多人看来，新生代员工崇尚自我，喜欢追求个性，缺乏上进心。其实他们有自己的奋斗目标，也愿意在工作中付出努力。新生代自身充满着矛盾，他们身上既有年少的恣意和傲慢，又存在着些许谦逊和恭谨。管理者只有对新生代的职业规划和工作情况有更多的了解，才能够对症下药，找到管理新生代员工的方法。

以下是新生代员工对于工作的看法，领导们一定要足够了解。

1. 注重工作体验感与发展空间

新生代在工作中很看重自我体验感与岗位的发展空间，当他们在工作中无法获得体验感或发现这项工作没有可期待性时，他们会直接选择离开。

短暂的在职时间、频繁的离职速度曾将这些新生代员工推到风口浪尖上，"裸辞""吃不了苦""静不下心""不稳定"一度成为他们的标签，对此，人们不免担心，他们是否有未来。这些新生代并不是任性和娇气，他们只是对工作有着自己的评价标准。

大多数新生代在找工作时都会特别关注"是否有双休""公司是否有娱乐休息场所""团队工作氛围如何""需不需要加班"等问题，这都体现了新生代对工作体验感的重视。

新生代与老一辈不同，他们更看重公司的企业文化和团队的工作氛围，他们不希望自己总是做机械性、重复性的工作，而是想要每天都能获得不同的体验。如果公司能多为新生代员工考虑，让他们对工作产生热情并有机会实现个人价值，那么他们自然愿意留在公司奋斗。

另外，新生代与其他人群相比，更加追求生活品质。在他们看来，工作就是为了更好地生活，如果当前的工作打破了自己生活的平衡，那么他们便会放弃这份工作。

从前，"北上广"等一线城市一直是大多数毕业生向往的逐梦之城，如今却发生了一些改变。调查表明，很多新生代已经放下了对"北上广"的执念，相较于这些一线城市，他们更想去杭州、南京等风景优美、悠闲舒适的"新一线"城市。与"北上广"巨大的工作压力、拥挤的交通相比，"新一线"城市更符合他们的生活理念。

新生代的家庭负担普遍比较轻，同时又正是在职场上大胆闯荡的年纪，面对数不胜数的工作岗位，他们充满了自信，认为自己有能力去做自己喜欢的工作，过自己想过的生活。对他们而言，物质条件的确是影响选择的因素，但绝对不会对他们的选择起决定性作用。只有在工作中获得想要的体验感，并认同自己的工作价值，他们才会努力工作。

2. 比起薪酬，发展机会更重要

曾经社交网络上"新生代求职不问薪酬"这一话题被网友讨论得很激烈，各种观点层出不穷，在这背后，折射出新生代员工与众不同的就业观：比起工资，发展机会更重要。领导们对此要充分重视。

新生代员工作为未来的职场主力军，表现出了与以往求职者极大的不同，其中一项便是对工资的看法。他们找工作不问工资不是因为他们对此不在乎，而是因为工资等物质条件不是他们求职时最看中的方面。

很多人认为新生代不在乎工资是因为他们在优越的家庭环境中长大，有着不错的经济条件，不用为柴米油盐发愁。其实不仅仅如此，这还与他们的"挣钱"观念有关。新生代是随着互联网的发展成长起来的，每天都能接收到各种信息，可以与世界"零距离接触"。比如他们想学习一项技能，就会在互联网上搜索出适合自己的教程跟着学习。如今，越来越多的新生代都立志成为或者已经成为"斜杠青年"（指不单单只有一个职业，而是拥有多种工作的人）。

基于互联网的便利和新的生活理念，很多新生代在学生时就已经通过配音、做视频剪辑、运营自媒体、写文章等方式赚取了自己的"第一桶金"。在掌握了财务自主权后，新生代找工作会更加从容。因为对他们来说，挣钱的方式不止一种，不会再只为了挣钱而选择工作。

很多新生代求职并不仅仅是为了谋生，对他们来说，工作更重要的是能让自己得到锻炼，实现自我发展和成长。因此，选择工作时他们会慎之又慎，一旦发现实际工作与自己的期许和职业规划不相符，自己无法获得成长，他们就会果断离职。

3. 追求自我价值的实现

有一项针对新生代毕业生的调查，其中在"找工作时最关注的因素"一问中，"实现自我价值""个人兴趣""工资"三个答案被提及的最多，其中"实现自我价值"的选择人数几乎是"工资"这个选项的两倍。

其中一位参与调查的新生代毕业生表示："最重要的当然是自我价值得到实现，如果我在工作中发挥自己的才能出色地完成工作，得到领导的肯定和认可，那再辛苦、付出再多也是值得的。如果足够幸运，这份工作刚好又是自己喜欢的，那么工作起来肯定会特别开心，也会很有成就感。相反，如果这份工作既不能实现个人价值，自己又没兴趣，那么即便工资再高，我也不愿意做。"

这番话表达了大多数新生代对工作的想法。很多人认为他们闪辞是因为太娇气，吃不了苦，这其实是对他们的误解。新生代当然能吃苦，但不会吃没有意义的苦，他们只会为值得的工作去吃苦。

综上所述，对新生代来说，工作的价值和意义远比安稳更重要，只要工作能满足他们的内心需求，能实现他们的远大抱负，就能激发他们的热情，让其全身心地投入到工作中，心无旁骛，坚定不移。

对新生代员工的管理方法

随着时代的发展，新生代已经走上了社会的大舞台，他们大都特立独行，崇尚无拘无束的生活，喜欢脑洞大开的工作方式，所以常常给人"惊吓"。在日新月异的大潮流下，"跳槽"显得尤其频繁，他们之所以难以长久地待在一个公司，最主要的原因就是缺乏对公司的归属感。

对新生代员工的认识与管理，关系到企业的未来，一个企业能走多远，能取得怎样的成绩，一定程度上都取决于这些头脑灵活的新生代员工。为了更好地管理这些新生代员工，管理者应遵循以下原则。

1. 明确赏罚

制定健全的赏罚制度，让员工有制度可循。所谓赏罚制度，就是使员工知晓什么行为是正确的，可以受到奖励；什么行为是错误的，应该受到惩罚，保证奖励与惩罚公平、公正。当员工做出了有益于团队发展的事情，管理者要表示认同和鼓励；如果员工不小心做出了有碍于团队发展的事情，管理者也要保全员工的自尊心，让他在认识到自己错误的同时找出做错的原因。

2. 注重培训

新生代员工大多刚刚步入社会，实践经验不足，所以有必要对他们进行专项培训等。在培训中要激励员工学习实践知识，了解行业发展趋势，实现工作内容多样化，让员工明确职业发展方向。

3. 提供 EAP 服务

因为新生代员工崇尚特立独行，有较强的自主性，所以团队可以提供 EAP 服务（即员工帮助计划），帮助解决员工及其家属的心理和行为问题，创造出轻松愉快的工作环境，而不能一味地使用强硬手段去管理，不然会让事情向反方向发展。新生代员工崇尚自由、平等，所以在进行 EAP 服务时如果把员工的兴趣爱好、娱乐话题等融入进去，作用会更明显。

4. 改革考勤制度

新生代员工最不喜欢被死规定束缚，他们大多认为，只要完成了分内工作，就无须守点打卡。因此，在员工完成工作任务时，要尽可能满足员工的个性，实行灵活的上下班制度，把工作自主权交给员工，这样也能激发员工工作的积极性。

5. 绩效管理

通过行之有效的绩效管理，激励新生代员工认真工作。所谓"重赏之下，必有勇夫"，用金钱、财物作为激励手段，可以满足新生代员工对物质的需求。此外，绩效管理还有助于引进优秀的新生代员工，引导新生代员工做出正确的行为，改善隐患问题，提高员工的积极性。对于重要的人才，如高新技术持有者等，要推行员工持股、股票期权等长期激励机制，进而留住人才。

6. 名誉激励

马斯洛的需要层次理论指出，每个人都有自我实现的需要，都希望得到表扬和认同，所以在新生代员工得到客户的表扬时，领导要及时把消息反馈给被表扬的员工，以激发员工对工作的热情。

7. 挑战激励

新生代员工大都自信，喜欢挑战，领导可以根据新生代员工的特点，安排他们做一些具有挑战性的工作。在进行某项提议时，也可以征询他们的意见，以加强新生代员工的参与感。

8. 给予信任

信任是人际关系的基础，是形成团队文化不可或缺的因素。只有充分信任下属，才能放心授予员工权力。对自我意识特别强的新生代员工而言，享有自主权具有巨大的吸引力。管理者可根据新生代员工的心理，授予他们一定权力，让其实现自我管理。当新生代员工有了责任感，就能少些浮躁之气，稳定下来。

9. 给予尊重

给予员工尊重，是管理者最需要铭记的。无论职位高低，每个人都有被尊重的需要，当员工感受到被尊重，就能激发内在动力，与企业"同心、同向、同行"。比如，在日常工作中，领导可以"接地气"一些，让员工称呼自己"某某姐""某某哥"，以拉近与员工的距离，营造轻松愉快的工作氛围。

不可否认，新生代员工已日渐成为职场主力军，如果不想被社会淘汰，团队管理者就要学会变通。"物竞天择，适者生存"，只有采用适合新生代的激励方法，才能留住这些时代的新鲜血液，调动他们的聪明才智，为公司的建设添砖加瓦，锦上添花。

知己知彼，管理新生代有禁忌

提起团队中的新生代员工，很多领导都表示不知是该夸还是该批，因为在工作中，他们可能是领导的得力干将，个性独特、敢于创新、有才华、有能力，是团队中的新鲜血液；也可能是处处作对的"刺头"，个性张扬、狂妄自大、不服从上级管理，一言不合就甩手走人，完全不计后果。

因此，面对这些个性鲜明的新生代员工，领导需要做到知己知彼才能有的放矢地对他们进行管理。下面是一些管理新生代员工的注意事项，领导们可以参考。

1. 以才能服众

新生代是在多元的文化中成长起来的，而且大多都有良好的教育经历，他们在脑力劳动和为人修养方面有着更大的优势。因此，领导要想获得新生代员工的尊重，就要依靠自身的工作能力和人格魅力来征服他们，而不是以领导身份打压他们，强制他们服从。

领导如果缺乏管理能力，无法根据员工的特点和能力合理分配工作，或者安排工作不到位，致使工作出现问题，那么在员工心中自然就没有了威慑力，很难得到员工的认同。因此，领导只有不断充电，增强自身才干，才能服众。

2. 公平公正

新生代员工很在乎公平公正，如果遇到不公平对待，他们往往不会忍气吞声，而是质疑公司领导。如果有员工发出这种疑问，领导必须回应并给出一个合理的解释。

由于客户、晋升岗位等资源有限，领导或多或少都会将好的资源偏向团队核心人才，但这种倾向有时会对有的员工造成不公，使其心生不满。为了尽量不出现这种情况，领导在管理工作中应做到以下两点：一是将晋升机制、资源分配等管理工作尽量公开化，要以员工能力为导向；二是与员工多交流，避免双方因沟通不到位而在某些问题上产生误解。

3. 关注员工心理

新生代员工很重视自我认同感，所以，领导在管理工作中，激发他们的工作热情使其奋力拼搏的同时，也要了解他们的付出与辛苦。

每个员工都渴望得到领导的肯定，新生代员工更是如此。他们更注重自己的心理体验感，更看重团队氛围。虽然这些因素无法带来直观的经济效益，但可以间接地增强团队的凝聚力，提高员工的工作效率。

4. 多表扬，少批评

人都喜欢被表扬，作为领导者，更需要明白这一点。很多领导认为员工就应该出色地完成任务，不需要表扬，而一旦做得不好就要接受批评。其实，无论是新生代还是 70 后、80 后员工，都需要一定的心理激励。作为领导者，要学会用欣赏与发展的眼光看待员工，适时地给予鼓励，大胆地表扬员工。在批评上，要切记因个人情绪而无端指责员工，必须批评时，也要讲究方式方法，让员工真正接受。

多点平易近人，少点颐指气使

在团队管理中，领导最令员工讨厌的作风之一就是颐指气使。领导需要明白，权力不是傲慢的资本，更不是颐指气使的权杖，工作虽然有职位高低之分，但没有贵贱之别，领导也不比普通员工高人一等。盛气凌人，早晚要自食其果。

缔造了法兰西第一帝国的军事家、政治家拿破仑，因其辉煌的成就名垂青史。有一次，拿破仑对自己的秘书说："布里昂，你将被载入史册。"秘书布里昂对这句话很是疑惑，拿破仑解释道："你可是在给我当秘书。"很明显，拿破仑是在炫耀自己的威名。布里昂并不买账，反问拿破仑："那请问您知道亚历山大大帝的秘书吗？"拿破仑无言以对，折服于布里昂的机智。

其实在职场中，像拿破仑一般傲慢的领导不在少数。很多领导总认为自己高人一等，在工作中对员工指手画脚，一次两次员工或可忍受，总是如此，员工必然会反抗，进而与领导发生冲突。

领导与员工交流时，应尊重对方，真心地将他们看作自己事业的伙伴，用心交流，平等相处，并且要真诚地认同与员工间的平等关系。人的行为表现受内心控制，就算领导尽可能地装作对下属很平等，但只要内心没有认同，仍有高高在上的优越感，那总会在无意中表现出来，使员工受到伤害。尤其是新生代员工，他们虽然特立独行，但也尊重那些能平等待人的领导，愿意与这样的领导共事。

领导要想与员工平等相处，就要做到以下几点。

1. 就事论事

无论何时，领导都应坚持"就事论事"的工作原则，尤其在与员工意见不一致时，要保持理智，讲事实、摆道理，谁说得更有道理就听谁的，而不是以权力压人。

有的时候，领导即使明白是自己说得不对，也会因为面子不想承认，然后就会以权力压制员工，让其承认"错误"，好给自己台阶下。这就与"就事论事"的工作原则背道而驰，会使领导威信尽失，管理工作变得难上加难。

2. 语气平和

言辞的作用是传达心意，心意中的情绪也会通过言辞表现出来。因此领导在与员工沟通时要注意语气不要太过严苛，尽量温和。新生代员工虽然乐于交流，但如果对方言辞犀利，即使没有恶意，他们也会心存芥蒂，更何况与领导交谈时本就胆战心惊，若领导此时言辞不善，其影响很可能会被他们放大数倍。

3. 尊重差异

新生代不喜欢循规蹈矩、做事一成不变，他们喜欢追求自我，张扬个性，与其他人群相比，其性格、思想、态度、爱好、价值观等方面有更为明显的差异。这并不是坏事，事实上，因为人在不同的环境中长大，再加上教育背景、社会经历等方面的不同，以及所接触的思想文化过于多元，所以人与人之间自然会有很多差异。只要员工的这些差异没有违反规章，没有妨碍到工作，也没有给团队或者其他人产生影响，领导就应该给予尊重，甚至可以力所能及地给他们提供一些帮助。这也是让新生代员工真心追随自己的重要方法之一。

4. 刚柔相济

作为领导，要有身为决策者的威严，也要有能与员工打成一片的随和，既不能太过严厉，也不能太过谦卑。严厉过了，就显得冰冷，没有人情味，员工不敢接近，从而产生距离感。谦卑过了，就显得没有原则，没有威信，员工恣意妄为，管理就无从谈起。

不过，威严不是专横，随和也不是没有原则，领导者要学会平衡二者之间的关系，去培养领导者的气度。具体来说，在大事上，领导者要遵守公司规章制度，按制度管理员工，让员工心服口服；在小事上，要学会征询员工的意见，让员工感到被尊重。

年轻人多浮躁，管理者指明路

　　静下心感受，沉住气做事，虽然这样的道理我们没少听，能真正做到却不容易。当今社会，大家做事都追求快出成果、一步登天，特别是年轻员工，能够耐心做事的更少。为此，领导们常常不厌其烦地斥责年轻下属，用各种大道理对他们进行说教。可是，道理讲得多了，不仅没起到作用，反而适得其反，浮躁的员工还是静不下心，甚至原本不浮躁的那些员工，也因为次次说教而开始变得浮躁。

　　那么面对内心浮躁的年轻员工，管理者应如何应对呢？下面这位管理者的做法，值得借鉴。

　　几个月前，刘智明招了一名女员工，是名校毕业的研究生，有很强的学习能力，很多工作一教就能上手，和同事相处得也还算愉快。本来一切都在慢慢地往好的方向发展，可是两个月多后，这个女员工找到刘智明，提出辞职。为此刘智明专门推掉了一个会议，跟她谈心。谈到辞职的原因，女员工是这样说的："大学四年，我每一门课程的成绩都很优秀，排名没出过专业前三。读研究生，我只用了两年时间，导师也很欣赏我。可是现在工作后，我每天干的都是一些重复的小事，既没有意义，也没有成就感。"

刘智明立刻明白了，这位女员工是有些浮躁了，认为凭借自己的学历和能力，应该去做更重要的工作。可是一口吃不成个胖子，她现在还不能独立完成那些重要的项目。刘智明没有直接训斥这个沉不住气的女员工，而是先给她讲了一个故事。

有一个农夫买了两粒果树种子，种在了地里，不久它们就发芽了，进而长成了差不多大小的树苗。一棵树苗想成为参天大树，然后结出甘甜的果子。另一棵树苗只想立刻结果，别无所图。过了不久，后者果然开始开花、结果了，但是果子很苦涩，难以入口。前者则按自己的想法不断扎根、苗壮成长。几年之后，这棵树长成了一棵果实累累的大树，结的果子又大又甜。但另一棵过早开花、结果的树，如今已经只剩下残枝败叶了。可见太早开花、结果未必是一件好事情，急于求成，最终可能什么也得不到。所以平息浮躁、脚踏实地才是正道。

接着，他分享了自己的工作经历和这一路的心路历程。

听完这些话后，女员工面有愧色，低着头说："我明白了，刘经理，是我太沉不住气了，现在的工作我都没能出色地完成，就想做更重要的工作。您放心，我不打算辞职了，接下来我会更加认真地完成本职工作。"

之后，女员工安心回去工作了，在自己的岗位上扎下根来，不断积累工作经验，锻炼工作能力，再没有提辞职的事。刘智明的谈话很高明，他没有像其他领导那样跟下属讲大道理，而是循循善诱，并以亲身经历真诚劝诫。要知道，大道理虽然直接简单，但很冰冷，缺少真诚和人文关怀，让人听起来难免会不舒服。因此，领导若是一上来就以"过来人"的身份讲大道理，高高在上，只会让年轻员工感到不满、厌烦，甚至抗拒。所以，不妨用点儿心，给对方做一个深度分析，用事实和真诚来抚平年轻下属的浮躁心态。

心性不定，静不下心，做事急于求成，是大多数初入职场的人都会经历的一个阶段。当今社会，工作竞争异常激烈，每年都有许多大学生、研究生求职应聘，再加上越来越多的"海归"选择回国工作，好的职位空缺远远不及求职人的数量。另外，年轻人除了找工作，还面临买房买车、结婚生育、照顾父母等沉重的生存压力，这些让他们焦虑、浮躁，想要快速做出成绩、收获果实。年轻群体的父母们为儿女操心不已，在这种环境下，追求快出成效，几乎已经成为时代主题。基于这种实际情况，管理者要先舒缓员工紧张、焦虑的情绪，使他们冷静下来，然后再试着安慰、劝诫，才不会让下属觉得管理者冰冷、没有人情味。因此，当年轻下属浮躁、焦虑时，领导首先要以情动人，给他们温暖的人文关怀，然后再提出建议，为他们指点迷津。

新生代不吃洗脑那一套

"努力！努力！永争第一。"

"拼搏！拼搏！永创辉煌。"

"必胜！必胜！永不放弃。"

……

像这样的"打气"口号在某些团队中屡见不鲜，这些口号气势高昂，能让我们瞬间热血沸腾，精力充沛。或者说，这些口号成功帮我们"洗脑"，让我们对未来充满信心。这就是所谓的"洗脑式管理"。

在"洗脑式管理"中，团队领导最常用的话术就是：你来这里工作到底是为了什么？领导以此发问，是想将员工的打工心态彻底转变为自我奋斗心态，给他们"画大饼"，进而激发其斗志，在这个过程中给员工灌输自己不是在打工，而是在为理想奋斗的理念。同时，潜移默化地告知他们：目前的薪酬多少、有没有休息日都不重要，重要的是努力奋斗，早日实现梦想；要趁着年轻多付出，多加班，这样才能挣得更多，才能过富足的生活……

　　不得不说，"洗脑式管理"该被淘汰了，它已经不适合当今企业的发展要求，也反映出企业文化的不足：这种方式一方面不利于企业形成良好的文化理念，另一方面也很难留住员工。尽管如此，还是有很多团队在采用这种管理方式。

　　早上八点左右，在一家销售公司的培训室里，领导正在对新员工进行"洗脑式"激励，这批员工是刚进入公司的职场"小白"，从各个学校招聘过来，全是新生代。每天上班前，公司都对大家进行半小时的晨训，来为大家加油打气。

　　只听领导在台上滔滔不绝地讲："为什么要对客户如此客气？因为顾客就是上帝，是我们的衣食父母，要想工作出色，我们就要像对待父母一样对待他们，设身处地地为他们考虑，只有这样，才能赢得客户的信任，有漂亮的销售业绩，才能获得更多的奖金，早日买房买车，出人头地……"

　　突然有位员工插话说："我来这儿工作就是想要积累经验，为以后打基础，同时多与人接触，锻炼自己的沟通能力，别把我们的理想说得那么俗。"

　　领导听到这话很愤怒，居然有人反驳他，于是他直接对那位员工说："你明天不用来上班了。"

　　然而从那之后，几乎每天的晨训都有员工与领导发生冲突，越来越多的人辞职，到最后，这批新员工已经所剩无几了。

上述故事中领导的错误在于，他以为可以用开除来震慑员工，但殊不知，新生代员工已经不怕那一套。悲哀的是，现在有些领导管理员工的方式和这位领导如出一辙，还是采用一些"洗脑式管理"的老方法，如，将人才市场的现状及激烈的竞争形势展示给员工，再通过各处搜罗的职位竞争数据，以及几张招聘市场拥挤的人群的图片来印证所说的情况，让员工深刻意识到市场竞争的激烈，给其带来恐慌和震慑，最后通过与员工自身的对比，让他们感受到自己工作的来之不易，要懂得珍惜，努力工作，从而达到激励员工的目的。

曾有专家对"洗脑式管理"进行了剖析，他们发现，这种方式之所以会风靡起来，是因为有些行业对员工没有很高的文化素质要求，而且员工们收入普遍较低，也没有明确的目标和理想，在企业、社会上处于弱势地位，因而比较容易被领导管控，从而进行"洗脑式管理"。这些行业的人员有很大的流动性，因此让员工以最快速度提高工作积极性和执行力，减少团队内部人员流动就成了领导的重要任务。

新生代员工真的需要这种"洗脑式管理"吗？答案是否定的。新生代员工需要的不是简单粗暴的"洗脑"，而是有助于提高工作技能的培训。现在，很多知名企业都将员工培训作为公司发展的重要一环，除了帮助员工提升专业技能外，还对员工的心理健康、道德修养等方面进行培训，让员工能从培训中有所收获。诚然，这才是管理新生代员工的真正秘诀。

多看重结果，少一味说教

管理新生代员工，最大的难点在于领导者思维固化，其陈旧的思想观念、说教式的管理方式与新生代员工的价值观格格不入。新生代员工是在经济腾飞中成长起来的，他们接收的信息具有时代性，想要对这些时代的弄潮儿进行说教，无异于自讨苦吃。

某家公司招收了几名新员工，都是新生代，自从他们入职后，团队状态焕然一新。在一次上班打卡时，其中一位新生代员工晚点了。上班迟到，根据公司制度需要罚款，迟到一次缴纳10元罚款，迟到两次缴纳20元，第三次就是30元……以此类推。领导对这名员工进行处罚时，这位新生代员工突然提问："迟到罚款有没有套餐服务？我想包月。"领导听后哭笑不得，不知作何回答。

新生代已经越来越多地步入职场，但都是初出茅庐，基本上从业都未满五年，因而缺少工作经验，这也给领导的管理工作带来了难题。对领导们来说，如何更有效地管理新生代员工，帮助他们成长和发展，调动他们的工作积极性已是当务之急。这些新生代员工都有很强的自我意识，有人将他们称为"草莓族"，意思是说像草莓一样，表面光鲜漂亮，又坑坑洼洼，充满个性，但其实非常绵软，不经敲打，施一点儿压就会被压成一团稀泥。

新生代员工不喜欢听领导说教，不希望领导事事插手。他们认为，公司最后要的是工作结果，如何具体实施和完成任务则是自己的事情，领导不该过多干预，只要任务圆满完成，结果是好的，何必非要按照领导的方法去做呢？尽管领导经验比较丰富，但也相对保守，不敢创新和突破。

新生代有很活跃的创新思维，工作上不会拘泥于前人的经验和传统的做法，他们喜欢破除一些不适应时代发展的东西，开拓出新的工作方式和管理方法，甚至会有颠覆性的改变。但在一些团队中，他们的任务只是遵循规则，而不能创新。

尽管新生代员工认为，只要自己将工作在规定期间内高质量完成，有些细节就可以不用循规蹈矩，但很多领导并不这么想。"不以规矩，不能成方圆"，领导们担忧的是如果大家都这样做，那团队的要求、规则就形同虚设，容易造成团队内部混乱，产生不必要的影响。对新生代员工来说，规矩可以商议甚至改变，但领导的想法就是规矩，制定了就要遵循。在工作出现问题时，领导就责怪员工，不断地批评教育，并希望以此来改变员工的观念，但这都是徒劳。

新生代员工需要的是充分施展才能的空间，轻松愉悦的团队氛围。在工作上，领导要给他们一定的自由，让他们在不破坏规则的基础上适当地破除一些陋习，从而更有动力地工作。主动积极，源于员工内心的热情和动力，而不是领导的施压。

"员工因为相信企业而加入，却往往因为上司而辞职"，这是当今很多企业的共识，对于新生代员工的离职，很多直属上司都难辞其咎。领导要明白，如果有问题出现，那么首先公司高层应检讨公司制度是否存在问题，其次领导应检讨自身是否存在问题，尤其是员工的直属上司一定要进行自我检讨，最后再来追究员工自己的问题。员工所犯的错误或者表现出来的负面言行很可能只不过是问题的表象，并不是问题的本质。因此，要想让员工们没有问题，就要保证公司和各级领导不出问题。这样做还有一个作用，即可以帮助领导调整心态。

工作一有麻烦，领导就会与员工"谈心"，也就是批评说教，这样做其实是一叶障目。领导当局者迷，无法知晓自己的心态，也不会想到改变自己的管理方式来领导员工，总是习惯性地将责任推给员工，从来不反省自己，导致管理工作越来越难开展，问题越来越多。

　　领导如果总是对员工批评说教，自己的情绪很容易受到影响，心里还会想：我怎么就碰上这样的员工了？我说这么多感觉是对牛弹琴，他们怎么就听不进去？糟糕的情绪自然会影响领导的日常管理工作。

　　作为领导，遇到问题首先要自我反省——我的管理方式有哪里不妥吗？总是说教员工，他们会不耐烦吗？我对他们信任吗？工作中我给他们指导和帮助了吗？然后你可以再问问自己，还有员工愿意跟自己坦诚交流、讲真话吗？

　　领导也可以根据团队现状自查：我的管理方式起作用了吗？员工有没有听从我的要求并认真执行？与员工的关系有没有改善？激励措施有实际效果吗？

　　如果想进一步发现自己的问题和管理上的不足，领导还可充分利用离职谈话这一程序。如果有新生代员工离职，就抓住机会，不要让人事部门跟他进行例行谈话，而是亲自与他交流，这个时候的员工大多会毫不避讳地讲出真话，领导可以从中得到很多有价值的信息。

　　当领导开始注重结果减少说教时，员工就能感觉到这种变化，同时也会给予回应，以积极的工作态度来回应领导的改变。此时，领导就会发现，已经不存在不服从管理的新生代，新生代也是可以被信任的。

　　因此，领导应减少对新生代员工说教，多关注工作结果，只要他们能圆满完成任务，就让他们自由施展才能，不必拘泥于细枝末节。总之，真正的有效管理，要求领导必须与时俱进，有的放矢地调整策略，那么管理各种各样的员工，即使是难搞的新生代，也能轻松搞定。